i

imaginist

想象另一种可能

理
想
国
imaginist

手业に学べ

留住手艺

[增订版]

盐野米松——著

英珂——译

广西师范大学出版社

· 桂林 ·

图书在版编目(CIP)数据

留住手艺 / (日) 盐野米松著；英珂译. — 桂林：
广西师范大学出版社, 2012.9 (2021.8重印)
ISBN 978-7-5495-2606-2

Ⅰ.①留… Ⅱ.①盐…②英… Ⅲ.①手工业者 – 访问记
– 日本 – 现代 Ⅳ.①K833.138.1

中国版本图书馆CIP数据核字(2012)第221028号

著作权合同登记图字：20-2021-228

广西师范大学出版社出版发行

　广西桂林市五里店路9号 邮政编码：541004
　网址：www.bbtpress.com

全国新华书店经销

发行热线：010-64284815

山东韵杰文化科技有限公司

开本：787mm×1092mm 1/32
印张：11.25 字数：168千字 图片：66幅
2012年9月第1版 2021年8月第13次印刷
定价：48.00元

目录

留住手艺

新中文版序

　　这本书里介绍的手艺人都是极普通的人。他们既不是所谓的人间国宝，也不是能代表日本的拥有什么特殊技艺的人。他们中的大多数都没有很高的学历，只是完成了最基本的义务教育（日本的义务教育，二战前是小学六年，战后改为中学三年），然后就为了生存而立即去拜师学技了。这在那个时代的日本，是很普遍的，是一般百姓理所当然的生活而已。

　　他们制作的都是生活中所必需的日常用品，不是高价和特殊的工艺美术品。这些物品当中有些已经或者正在被现代生活中新出现的东西所取代。手艺人所用的材料都来自大山和森林，大自然就是他们最好的材料库。他们所使用的工具也都是极其简单的，几乎没有能称得上是机器的设备。他们是这样说的：“工具少，但是我们可以使用自己的身体，因为手和身体本身就是工具。”他们从师学徒，当修业完成的时候，靠着身体所记忆下来的那些技能就是他们最为珍视的生存工具了。

曾经主张"工业立国"的日本，在今天仍保存着众多的"手艺"。

这些手艺还保持着从前的姿态。有人说它们太老旧了，也有人说它们太落后了，但是还是有人觉得那些手艺很好，也还是有人用它们。经济的高度发展和成长，促使人们在过度地追求便利的同时，造成了莫大的环境污染和破坏。我们为什么要利用科学技术来改善我们的生活，成了今天令我们思考的问题。大工业化的批量生产所带来的是"用完就扔"的一次性消费的观念。旧时的修修补补反复使用的精神也随之消失得无影无踪。从前那种珍重每一个工具和每一个物品的生活态度也就没有了。选择修补远不如重新购买来得更快和更省钱。如果用金钱来衡量的话，一次性的物品显得便宜又方便。这样的情况还不仅仅体现在对待物品上的态度，甚至体现在对待人的态度上。工厂为了追求更合理化的经济效益，让很多人失去了工作。过分追求廉价和效率，让人已经忘了作为人的本来的幸福到底是什么。

　　为了满足批量生产的要求，需要均等统一的材料。为了提高生产速度，即便是不同习性的材料都被放在同样的机器上进行加工，这已经成了工业化生产所必需的模式。但是，由于这些材料生长的土壤和自然各自不同，它们的习性也都千奇百态。而让这些素材的习性得到最大限度的发挥，正是手艺人们的工作，也是让物品看上去有性格、与众不同的缘由所在。这些手艺的活计是带着制作它的人的体温的。而工厂追求的则是统一的、不需要有性格的。有性格的是要被处理掉，也就是要被扔掉的。这是"去除"的观念。被"去除"的是被认为不能用的。这样的观念也体现对人的使用上。

　　什么是幸福？我们为什么而工作？人又为什么而活着？我们所做的一切不都是为了追求幸福吗？这样的疑问会再一次出现在我们的大脑中。我们会发现，有些事情是不能靠金钱来解决的。这样的时候，我们是否会重新审视手艺人的生活方式——那些终日以天然的素材为对象，靠常年训练出来的技艺过活的手艺人的生活方式？很好地运用素材的特性，就一定能制作出耐久性强的好品质的东西。磨炼技艺的过程是为了自己，同时也是为了那些物件的使用者。为了让更多的人买，为了比同伴做得更好，为了今天比昨天做得更好，也为了明天更好。手艺的世界从来就是没有边际的。手上的活计就是磨炼手艺人气质的学校。他们就是这样：了解素材的特性，磨炼自身的技艺，做出好的东西。这也是他们的生活本身，是他们的人生哲学。这些是否能给我们这些讲求效率至上的现代人以启发呢？

还想重申一次，这些朴素的手艺人，绝不是圣人君子，更不是人间国宝。他们就是每天拼命地为了养活家人而勤奋劳作的最普通的人。当我们对于人生道路产生迷惘的时候，可以去认识认识他们，了解他们的人生态度、对劳动的认识，以及他们在手艺上的气质，也许那才是人本来应该有的活法儿。

这本书所讲述的就是这些人的人生故事。

盐野米松

2012 年夏于角馆

中文版序

　　我非常高兴我的这本以介绍日本手艺人的工作以及他们的生活为内容的访谈录能有机会在中国与广大的读者见面。

　　书中介绍的这些业种在三四十年前的日本几乎是随处可见的。然而，随着工业化的迅速发展，廉价工业制品的大量涌出，手工的业种开始慢慢地从我们的生活中消失，现在可以说已经是所剩无几了。当没有了手工业以后，我们才发现，原来那些经过人与人之间的磨合与沟通之后制作出来的物品，使用起来是那么的适合自己的身体，还因为它们是经过"手工"一下下做出来的，所以它们自身都是有体温的，这体温让使用它的人感觉到温暖。应该说手工业活跃的年代，是一个制作人和使用人共同生活在一个环境下，没有丝毫虚伪的年代。社会的变迁，势必要使一些东西消失，又使一些东西出现，这是历史发展的必然惯性。但是，作为我们，更应该保持的恰恰就是从前那个时代里人们曾经珍重的那种待人的"真诚"。

其实如果寻根求源的话，这些手工的业种和技术，包括思考问题的方法，很多都来自中国。它们来到日本以后，在风土和生活方式的差异中慢慢改变和完善，但还是有不少相通的东西存留至今。

这本书中介绍的手艺人和工匠虽然仅仅是一小部分，但他们中的每一个人都能充分地体现日本百姓的人生意识和对待工作的态度。

中国是被我们看做兄长的邻国。我们的文字、文化都来源于中国。我们之间虽然有过一段不幸的历史，但是，中国永远是我们文化的根源所在。

我深切地希望这本书能够成为理解两国文化的桥梁。

盐野米松
写在即将进入公元 2000 年之际

日文版序

　　我小的时候，街上有从事各种职业的人，有炼铁匠、染衣匠，也有伐木师、烧炭师，还有专门为盖房而铺基石的人。因为受地域和风土的影响，他们活计的内容总是随季节而变化。因此，那时候人们不用看日历便可以从这些匠工手里的活计中感受到季节的变迁。又因为这些匠工常年劳作和生活在我的周围，于是，自然而然地就给了我一个观察和接近他们的机会。我时而是透过自家的窗户，时而又是坐在临街的堂屋，饶有兴致地观望他们运用那双巧手做工的模样。有时看到盖房子的木工，我会讨一块端木来玩；也会惊异于竹艺师用片刻的工夫竟能将一条条的竹片编成个美丽物件；铁匠屋里烧火用的风箱在我眼里成了能施魔法的道具，它的主人简直神奇无比。于是，我在幼小时就懂得了，工匠们的手艺是经过时间的积累才磨炼出来的，还明白了工匠们所使用的工具是真正的传家宝。天长日久，匠工这一职业真的成了我的向往。

后来，在我漫长的旅行生涯中，每当我来到一块新的土地，又发现那里还有我没见过的匠工的职业——海边有以海为生的匠工、江边有靠江为业的匠工、山林深处的小村庄里也有傍着山林吃饭的匠工——那奇异的工具，作业时发出的美如音乐般的声音，无不引发着我的好奇，直到现在仍记忆犹新。

童年时，伙伴们大多是出自匠工家庭，所以跟他们在一起的时候，常常听他们拍着胸脯，竖着拇指大夸特夸自己的父亲如何如何了不起，我甚至还有过几次"帮把手"的机会。活计不是只属于父亲一个人的事，家庭的每一个成员都有份儿。

然而，不知从什么时候开始，这些适合于地域风土的匠工的职业，慢慢地不再被人们的日常所需要了。一个个精工细作、破损后还要修修补补的东西从生活中消失了。它们变成了机械化工厂里统一制造出来的成品。既看不到制造它们的工人，也用不着考虑如果用坏了修补修补再接着用的问题。"用坏了扔掉"看上去是一种新的、合理的消费观念。再后来，更有了大规模制造、大批量销售这一今天的市场经济。消耗与消费的正比体现的是一种文化。

如今，童年记忆中的各条街道里匠工们作业时工具所发出的声音没有了，他们的作坊没有了，隔窗观望他们的孩子也没有了。那是因为这些职业已经不在我们身边，只一个世代就消失得无影无踪。我是怀着一颗憧憬和向往的心，观望过匠工们做活的众多孩子中的一个，也是为这些职业不复存在而深感遗憾的一代人的代表。出于这种感情，我用了不短的时间和多次的机会，寻找走访了现存的一些匠工和他们的作坊。听他们讲故事，看他们视为生命的工具，我把这件事看做是我今生中极为宝贵的经历和事业。然而，在我的寻访旅途中，事实告诉我：出自匠工之手的东西已经越来越少，有的匠工甚至因为没有继承人，现在手里的活计将成为最后一件。

这本书中共介绍了十六位卓越的匠工。听他们的讲话，痛感我们所损失之东西的巨大，日本人自古以来的文化和生活正在慢慢地消逝。

盐野米松

宫殿大木匠　小川三夫

（1947 年 7 月 17 日生）

导　语

　　我曾经用了十年的时间采访建造法隆寺（位于古都奈良，建于一千三百年前，日本最古老的木结构寺庙）的大木匠西冈常一。这期间有不少次听西冈提到过小川，他是西冈唯一的入门弟子。我一直想见见他，向他更多地了解西冈师傅的情况和继承"宫殿木匠"这一绝技的奥秘。小川跟西冈的身世不一样，他不是那种世代传承下来的木匠，他的父亲是银行职员。也正因为如此，我就更加想听听他对宫殿木匠这一特殊技术的传承所持的看法。这个机会终于来了。我又用了两年的时间对西冈和小川这一对师徒进行采访。小川跟着西冈是以日本最传统的师徒关系进行学技和传授的。

　　这种传授方式不是手把手地教，而是靠自己边看边学。

刚开始学徒的时候，每天工作的内容就是先磨各种刃器。师傅会交给他一片刨花，而他要将手里的刃器磨到能刨出同样的刨花才行。那就是他每日的修业。

　　小川的修练终于有了结果。在一般人看来需要十年的修练，他只用了一半的时间就完成了。他在代替西冈师傅修建完法轮寺（又名三井寺，位于奈良，始建于公元622年）的三重塔以后，就开始作为一名宫殿木匠起飞了。但他的前面始终站着他认为无法跨越的榜样，师傅西冈常一。西冈作为法隆寺的专职木匠，从未接过建造民宅的活计。因为他有着作为宫殿木匠的自尊（从前，宫殿木匠被视为高尚的职业，是不能接建民宅的）。没活儿干的时候他靠种田来养活家人。在最艰难的时候，他甚至卖掉了农田，始终没有放弃作为宫殿木匠的人格尊严。但是，他只想让这种做法在他这一代上结束，因此他没有让自己的儿子继承他的手艺。

　　小川正是看到了西冈的这种做法，才下决心要让自己成为能吃饱饭的宫殿木匠。

　　他还想，如果有想要学宫殿木工的年轻人，他要亲自培养他们。所以，他们就必须经常有活儿干。

西冈师傅曾经无数次地让小川站在他工作的现场，是为了让他见习他的技法。

小川创办了一个名为"斑鸠舍"的木工技术中心，承接全国各地寺庙佛阁、厅堂、高塔的修筑。在完成这些工作的过程中，在西冈树立起来的传统的师徒关系下，培养着一批又一批有志成为宫殿木匠的年轻人。小川也是只教弟子们磨刨刀，仅此而已。他相信弟子们会根据各自不同的性格和素质成长为性格迥异的人才。不管花多长时间，只要一点点将经验累积起来，最终一定能成为优秀的人才。这就是"斑鸠舍"的做法。

现在，他的门下有二十多个年轻人。他们同寝食、同劳作，在尽各自所能的同时又学着技术。这些年轻人当中已经有几个成长为独当一面的木匠了。

小川是昭和二十二年（1947年）出生的，是担负着"现在"的宫殿大木匠。我采写他并整理出版过一本记录了西冈师傅以及"斑鸠舍"还有他自己学徒经历的书，书名是《树之生命·树之心》。

小川三夫口述

我到西冈师傅那里去学徒的时候是十八岁。西冈师傅让我单独承建法轮寺三重塔那年我二十五岁。对外，说我是西冈师傅的代理，但那时，我自己是觉得这种说法实在冒昧于师傅。我怎么敢当？因为当时西冈师傅在接药师寺的金殿工程，所以，他就说："法轮寺的活儿你替我去！"建造法轮寺的三重塔就是这么一个由来。

西冈师傅的绝技，也就是历代建造法隆寺的大师傅的绝技，都是通过"口口相传"的形式传承下来的。这些口传在过去能培养出一名出色的宫殿木匠。我是经历了那样一个时代的宫殿木匠之一，从师傅那里学到的真谛，成为了像我这样想成为大师级宫殿木匠的人的铺路基石。

说到密传，其实也没有那么夸张。不过，我想先说说这个"口传"是怎么回事。

宫殿木匠的口传

秘诀之一是"挑选四神相应的宝地"。

一般建寺庙的时候，都有先"挑选四神相应宝地"的习惯。

这"四神相应宝地"说的是：东青龙，南朱雀，西白虎，北玄武。这些都是作为寺庙的保护神存在的。记得在挖掘"高松冢古坟"（位于奈良县高市郡明日香村。建于 694～710 年间，属古坟时代末期的贵族墓葬。自 1972 年发现彩色壁画后成为名胜，2009 年恢复原状后对外开放）的时候，就在最里边发现了乌龟和蛇的饰物，那就是北方的保护神——玄武。

那四神相应的宝地是什么样的地形呢？就是东边要有清流，南边地势要低，比如有沼泽地或者浅谷最好。西边要是大道，北边要背靠着山才好。这就是所谓四神相应的宝地。

去过法隆寺的人就会知道，法隆寺的东边流淌着富雄川，南边是大和川，地势比法隆寺低很多。也就是说，当你从法隆寺车站下车以后朝前走，越走你会越感到是在往山上走，走到尽头就是法隆寺了。而它的西边呢，现在是什么都没有了，但在过去那里曾经有过一条路。再看北边正好背着一座山。这就是法隆寺所处的地形。

但是，这四神相应的地形套用在药师寺上就对不上了。药师寺的东边是秋篠川，南边的地势不但不低反而是与药师寺相齐平的。西边倒是有一条大路，北边却没有山。所以，法隆寺虽已经历一千三百年的历史，但是还保存得相当完好。再看药师寺呢，除了还剩下一个东塔，其他的什么都没有了。东大寺，从南门开始地势变低，因为它的大佛殿是在从南边往下的位置上的。它的东边是若草山，西边虽有一条大路，但绝不符合四神相应的地势。所以在历史上药师寺、东大寺都曾遭到过火攻。这些在一般人听来也许有些强词夺理，但不得不信，确实是有关系的。

一旦选好了四神相应的宝地，就要在那里破土动工了。过去建寺庙不可能像现在这样打地基。一般是先把地上的表土去掉，露出上边最坚硬的地表层，然后从别的地方再运一些硬土撒在上边夯实，这样就出来了一个稍高的地势，基盘也就算打好了。

夯地基的方法，并不是靠我们这些男人的实劲，因为那样很容易会因为用力过猛而造成地表破裂，所以，这貌似需要体力的活儿，是要靠女人们轻轻地嗵嗵嗵地每放一块硬表就夯上几下。我们管这个叫"版筑"。这种做法非常费时又费钱。"版筑"的建筑方法大概在天平时代（公元八世纪，在美术史和文化史上，天平时代也称为奈良时代）就结束了。再以后就出现了各种各样的打地基的方法。

再说说关于修筑寺庙用的建材。过去选材料都是说"不买木料去买座山回来"。像建造五重塔，如果分别从不同的地方买来木料，日后各部位的收缩程度也会不同，那塔会变成什么样就很难说了。所以，师傅都是说"自己到山上去看看木料"！

根据山地的环境不同，生长在那里的树的习性也会不同。比如有些树是生长在山谷里，它们终日接受的是来自同一方向吹来的风，于是其形状都会有些扭曲，把它们砍伐下来，再矫正扭曲的树干，树还会进行反抗呢。这就是它们的习性。所以需要亲自到山上去看。当然，这种情况现在是不太可能了。但是从前我们都是这样过来的。

前些日子为选新建寺院的材料，我还真去山里看了树料。

我们这里所说的树料，也就是建寺院和殿堂用的木料，指的是丝柏。尤其是建寺院，对用什么样的树料都非常讲究。

丝柏这种树很不可思议。它在被砍伐下来以后，被伐的那段木料不但不会萎缩衰弱，反而会变得很强壮，而且两百年都不会变形。所以，如果调查一下法隆寺的木料就会发现，它们跟刚刚伐下来的木材在强壮程度上几乎没什么差别。经过了一千三百年的历史，还会跟现在的新树差不多强壮，真是不可思议。我这样说是有充分的理由的。不久前我才做完法隆寺的大修理，也叫"昭和大修理"。这个修理过程中，需要更新的木料只有百分之三十五，而其余百分之六十五的木料都是还可以再继续用的。需要更换的百分之三十五是因为常年接受风吹雨打而受损，只有这样的地方才损耗最严重。更换了百分之三十五新的木料，再加上那百分之六十五尚完好的木料，我就把五重塔重新翻修了一遍。

一般地说松树的木材经过五百年就会变糟，杉树的木材要八百年，只有丝柏才能保持一千三百年，而且强度不减。这次翻修以后应该再过很多年都不会出现问题。那到底还能用多少年，这个我没试过，以我的年龄恐怕是试不出来了。

说实话，飞鸟时代（507～710年）的古木材真了不起，稍微削下一点儿，就能感受到浓重的香味，好像那种香木的味道。

西冈师傅曾经告诉我，早年他为法隆寺的五重塔做解体整修，去掉塔顶端的铺瓦以后，过了一个星期，原本是朝下的木头一下子都翻了上来。而我在给东大寺的大佛殿更换房顶的时候也发生了同样的情况，尤其是末端的木头。这也就是说丝柏生命力之强早在飞鸟时代人们就已经认识到了。

秘诀之二是"建寺庙时木头的方位要跟它生长的方位相同"。我们通常讲究要立着用木料，就是保持它生长时的状态。飞鸟时代，为取一根柱子，要从山里将粗大的树劈成四瓣再搬运下山，因为搬运原木的话太重了，所以，就把它劈成四瓣，然后再把每一瓣分别做成一根根的柱子。这一点只要看看飞鸟时代的建筑就知道了，凡是那时建的寺庙殿堂，里面的柱子都是没有芯的，没有芯就说明每一根柱子都是树的四分之一。如果有芯，那说明柱子是用一根整树做的。没有芯的柱子才能保存得长久而不腐。

"用的时候要跟它生长的方位相同"，意思是在将树劈成四瓣的时候，各部位分别是什么方位，用的时候还让它们在什么方位。比如：四瓣中位于南方的部位，在盖殿堂的时候还让它用于南方。一般的寺庙多是朝南的，而生长于朝南一方的木料上会有很多的"节眼"，因为树朝南的那一面相对于其他朝向更容易长出节眼来。只要观察一下飞鸟时代、白凤时代（645～710年）和奈良时代的建筑就会发现，用于后侧和北侧的都是些外表平整且好看的木料，而偏偏南侧用的木料都是些有节眼的木料。比如：东大寺有一个叫"转害门"的建筑，那上面就满是节眼。一定有人会想，为什么在这样显眼的地方用节眼多的木料呢？过去的人是严格诺守"规定"的。生在南侧的树就一定用在建筑物的南侧。

秘诀之三是"搭建木结构建筑不依赖尺寸而依赖木头的习性"。就拿法隆寺的五重塔来说吧，正中央的柱子一直往地下延伸二米左右，佛祖释迦牟尼的舍利就安放在这根中央柱子的下边，因为如果仅仅是一根柱子立在那里的话是毫无威严的，所以要在柱子的周围加些装饰和点缀，也正因为如此，才有了五重塔这个用来装饰柱子的建筑的诞生。在柱子上是不能打钉子的，只有靠在塔的四周围的柱子上加力。

但是，这样一来木头会缩紧，木头的习性也会出来，再加上瓦的力量、墙壁的力量都会使木头紧缩。于是，在施工前就要把木料紧缩的大约尺寸计算进去。如果不计算好的话，下一层的塔柱就会撞到上一层的塔檐。所以，木料要先搁放一个时期再锯，而且，锯的时候还要根据树料的材质，并计算好它们所需的尺寸。

建塔其实是很微妙的，仅仅是上瓦就需要这边一块那边一块地平均着来铺设，如果先只上一边的话，那一定会造成倾斜，以致倒塌。因为塔本身是不稳定的，晃晃悠悠的。我在建造法轮寺三重塔的时候是这样，修药师寺西塔的时候也是。在最后收尾的时候，木匠要用锯子锯掉多余的边角木料，这时，其他的木匠也许有的正在往板子上钉钉子，有的也许正站在为建塔而临时搭起的外围操作架上，他们会因锯子的作用力，而感到整个塔都在摇晃，活像一个左右摇摆的玩具娃娃。据说那超高层的楼房就是参照了这种不固定死的结构来建造的。因此，在有强风的时候，如果你身处超高层的楼房中，就会感到轻微的晃动。

留住手艺

关于五重塔和松木

听了前面说的这些，有的人也许会以为塔原来就是一个简单的结构建筑，其实不然。我可不认为它只是简单的结构建筑。首先，塔要建得有美感，不管从哪个方向看都能让人对它肃然起敬。其次，还要建得经久不衰。

我记得刚到西冈师傅那儿学徒的时候，师傅对我说：你看，法隆寺的五重塔有稳定感吧？有动感吧？我当时就想，用的都是很粗很壮的木料，看上去当然有稳定感。可是，西冈师傅还说有动感，这我可就弄不明白了。过了两三个月师傅又说：你再看看松树。松树的树枝是从底下数最下边的一层长，第二层稍短，然后，第三层稍长，第四层又稍短，就这样一直向上延伸。仔细观察松枝的形状就会发现五重塔的形状其实跟松枝是很接近的。五重塔的檐端就是一层稍短一层稍长着上去的，不是笔直地而是交错地递减。总之，飞鸟时代的人真是了不起。一千三百多年以前的人们对松枝就有这么深刻的研究了。

翻建药师寺三重塔的时候，我把很角落的部位都量了，第一层承重的柱子之间用天平尺（相当于大唐尺，一尺约等于现在的二十九点六厘米）量的是二十四尺，最上面的第三层是十尺，这么一来中间二重的部位一计算就是十七尺。而实际上是十六尺八寸六分，缩了一寸四分，其实是很小的单位，但是古人却知道正是这一寸四分的差能让整个塔看上去很美。古代的建筑并不是很严谨地一定要按照规定的尺寸去建造，但是建造出来的东西却完美无憾。这一点现代人远远不及呀。

任何一个建筑都包含了美观、结实和持久这三个要素。

过去，按照这三个要素来完成设计的都是宫殿大木匠们自己，他们既是建筑师又是设计师，因为那个时代还没有建筑设计师。

秘诀之四是"整合木头的癖性就是整合工匠自己的心"。意思是说作为宫殿木匠头领的大师傅要有很好的心理人格素养。

建造殿堂或者佛塔，不管你是多么出色的师傅，一个人的力量是远远不够的。因为宫殿的建造不是一个人的工作，整个过程中离不开跟泥瓦匠、石匠、屋顶匠们的合作，没有他们的紧密配合，没有他们个性的施展，是不可能建好一座

斑鸠舍的学徒们为了学习木建结构而特别制作的寺院缩尺模型

好的殿堂或佛塔的。西冈师傅不久前被政府授予了"文化功劳奖章"（"日本文化振兴会"颁发给由民间推选出的对于社会和文化作出巨大贡献的人，并支付给他们每年三百五十万日元的生活费作为奖励），他作为我们这些宫殿木匠的领头人，让我们感到十分的珍贵和荣耀。

另外，"师傅的关怀会带给工人心理上的安定"，这样的话也是被作为秘诀传下来的。

如果你的手下有一百名工人，那么就会有一百种思想，如何把他们都归拢在一起就要看师傅的器量和本领了。不是还有这样的口诀吗，"不具备把一百种思想归拢为一的器量，那就不配做师傅"。

这些秘诀在你们听来一定觉得很难吧? 确实很难呐。所以我们才会为了遵守这些秘诀而拼命努力。

复原飞鸟时代的工具

关于宫殿木匠的工具，我这里有一把叫"枪刨"的工具，是古代用来刨木头的刨子。日本在室町时代（1333 ~ 1573 年）就出现了竖拉锯，以前是靠往木头上钉楔子来劈开木头，劈的时候是顺着树纤维的纹理来劈的，所以当时的木头都很结实。

但是，在室町时代出现了竖拉锯以后，木料的形状就都变成了平坦的了。木料一平坦就可以把它们放在台子上用刃具进行削刨，这么一来原先的枪刨就显得效率很低，慢慢也就报废了。可是现在也有枪刨能派上用场的时候，那就是古建筑的修理，因为当时都是用它来建的，所以还得用它来修。看来这个还是有继承下去的必要。

枪刨其实已经失传了很久，是西冈师傅把它又复原出来

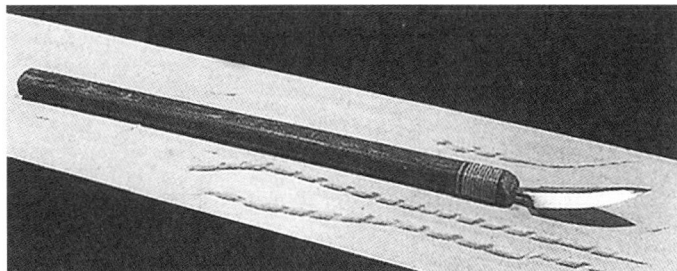

枪刨是小川的师傅西冈常一复原的古代宫殿木匠的特殊工具

了。翻修法隆寺的时候，发现了用枪刨刨过的痕迹，而且修缮当中还必须让它保持这样的痕迹。修缮东大寺时也同样遇到了这样的痕迹，所以，就根据那些痕迹复原了室町时代的枪刨。这种枪刨两边都有刃，用现在木匠通常用的平刨刨出来的刨屑是像纸一样薄的片片，而用枪刨刨出来的刨屑是细长卷儿的。另外，因为它两面都有刃，所以遇到逆纹理不能硬刨的时候，可以压着往前推，总之两边都可以运用自由，也可以从左右位置更换着刨来刨去用来调整疲劳。这样出的活儿是很上等、很好看的。从前，把树劈开以后只用斧子削砍一下，充其量也就是用手斧再削细一些，但是，看上去很平滑很好看的都是用枪刨刨过的。

　　用很锋利的刃器削出来的木头具有弹拨水的能力。就像

用枪刨刨出来的木头表面呈水纹状

用一把利刃削过的铅笔能把滴在它上面的水珠反弹掉那样。木头身上没有毛茬，所以水就不会被吸进去。

削刨过的木头表面像小的竹叶那样，而枪刨刨过的痕迹更像鱼鳞，从侧面迎着光看去，闪闪发亮，非常好看。

现在我们宫殿木匠遇到的最大的问题就是大的丝柏树越来越少了。建寺庙、神社不可缺少的是粗大的柱子，也就是粗大的木头。可这样的树材却越来越少了，这是个大问题。

盖普通人家房子用的柱子多是六十年就能长成了。所以，伐了树以后再进行栽植，这样，六十年一个轮回，不可能出现资源绝迹的情况。不是有人说石油再挖三十年就绝了吗？但是树是不会出现这样的情况的。只要稍加爱护是不可能绝迹的。按照树的周期轮转，再过三百年、五百年，大树还是会出现，到那个时候还可以建造很雄伟辉煌的殿堂。然而遗憾的是，现在没有人关注种树的事。我们这些从事整修文化遗产的人都知道，任何一座庙宇佛塔每隔二百年就会有一次大的修建翻新高潮。比如，距今二百年前的昭和元禄年间（1688～1704年），就营建了东大寺以及其他很多的神社佛阁。再往前的庆长年间（1596～1615年），德川家康也营造了很多的建筑。而再往前的室町时代文安年间（1444～1448年）正好是法隆寺迎来七百年，所以，这些已有的神社佛阁也都是隔二百年大修一次。

我这里说的大修理你们也许会理解成是修理损坏了的部位，实际上，是把它们全部解体，然后再重新组装起来。所以，只要认识到了树的这种轮回规律，日本的文化和树的文化就一定能保得住。

奇怪的弟子们

我那里有很多的年轻人来学徒，都是一些奇怪的家伙。他们不喜欢学习，其中有的连算术都不会。但他们真用功干活。我们那里先来的和刚刚进来的都一起干活、一起吃饭，新来的负责做饭，师兄们只管吃。新来的不懂得活儿怎么干，就给师兄们打打下手，师兄们被伺候得满意了，就开始点点滴滴地教给他们凿子怎么用，锯怎么用，还告诉他们什么地方做得不对。其实我理解学活计的过程就是一个怀着颗诚实的心去理解对方工作的过程，没有这个过程是不行的。同吃一锅饭，同干一个活，自然地这种师徒的关系就形成了。

现在在茨城县我们有一个工地，在那儿干活儿的都是年轻人。因为那里的活儿需要用很多木料，粗大的木料，上了年纪的人体力会跟不上。在那儿挑大梁当头的就是一个从琦玉县秩父来的二十七岁的年轻人。他们现在建的寺庙要三年后才完工，总额是十二亿日元。这么年轻就接这么大的活儿，肯定有人不相信他们能做好，但是，他们绝对没问题，靠着他们年轻的气势，等到这个活儿完工的时候，这些孩子也就都出徒了。因为活儿是靠真正动手干了才能记得住，不是靠从书本上或是口头上教出来的。我们那里的孩子不看报不看电视，唯一的娱乐就是磨刨刀（哈哈……）。

想当年我到西冈师傅那儿学徒的时候，西冈师傅就明确声明，不准看报、看书，连跟工作有关的书也不行，总之，什么都不行，有时间了就磨工具。早上起来，带上便当就去了法轮寺，傍晚回来以后先帮忙做饭，吃过饭就到二楼去磨呀磨的一直到很晚。师傅说，其他多余的事情一切都不要想，不要干。可是也什么都不教，只是一起去工地，他会说你来干干这个。所有的信息在学徒中都是多余的。所以，我们那里偶尔来个头脑好的孩子，就很难办。要让他把脑子恢复成一片空白可不是件容易的事。我们那儿有一个从鹿儿岛来的孩子，很喜欢读书，老是利用午休的时间看书，有时候我从后面偷偷地看一眼并对他说：哟，你看的书挺难嘛。他就说：师傅，这是法语。

也有连除法都不会的孩子。有个叫阿源的，就不会除法，让他计算伙食费，他居然跟每个人要二十几万。人说，我没吃那么多呀怎么会二十几万呢? 后来有人就问他：阿源，你到底会不会除法？他回答说不会，别的孩子就拿来小学校的课本教他除法。虽说是不要求你看很多书，可也总不能连除法都不会吧。但是，这个阿源是所有的孩子中工具用得最好的，他的工具总是亮闪闪的，没人能跟他比。他就是只想工具的事，从不考虑其他的。跟他舞文弄墨的话，他也许不行，可是，在我们那里工具磨得好，用得好，不是更重要吗？说白了就是这样。

他们就是这样磨炼自己的手艺，总有一天都能成为建造寺庙神社的栋梁。就像西冈师傅对待我那样，我对他们也是什么都不教。但是，给他们机会。他们会在所给予的机会中磨炼并成长。因为很多东西不是用嘴教出来的。从飞鸟时代就已经是这样的了，宫殿木匠的手艺就是在实践的机会中练就出来的。

（1992 年 10 月 31 日访谈）

貳　一棵大树能砍出四五个木盆

木盆师　平野守克

（1925 年 5 月 26 日生）

导　语

　　平野居住在福岛县南会津郡的桧枝岐村。这里是福岛县境内最靠近深山的地方，与新潟、群马和栃木三县交界。越过南边的帝释山脉就可到达栃木县的日光（栃木县境内的观光胜地），西南是燧岭和尾濑（国立公园，位于海拔一千五百米左右，有面积为六公里大的潮湿平原和沼泽。开放在潮湿平原上的白色水芭蕉是这里著名的景观），东边连着奥只见湖，周围环绕着海拔两千米以上的山脉。桧枝岐村的地势就像是一个死胡同，曲径幽幽。这个曾经没有现金收入的贫寒村庄，随着尾濑国立公园的开发（现在每年来这里观光的游客达六十万人），也慢慢地繁华和热闹起来了，建了不少为游客和登山者们提供住宿和歇脚的小旅馆。

　　从前，生活在这里的人们从山上采回枝条和木头，制作一些长把的木勺、竹筐或木盆之类的东西，然后再用它们去换些生活用品，有时也能挣点儿现钱回来。但是现在，作为传统手工艺的长把勺和木盆，已经没有什么人在做了。走在村子里只要看到大门口堆放着很多圆木头，便可知这一家就是那有数的几户尚在做木盆的手艺人之一。这里至今不种稻米，村里的居民是紧靠着江边散开着居住的，荞麦田随处可见。

平野的作坊就坐落在桧枝岐川的岸边。门前放着大块大块的枥树圆木。在这些圆木小的一头上都用粉笔画着线，那是为切割它们而做下的尺寸记号。旁边堆放着已经切割好了的大块木料。这样的活儿都是在户外完成的。

作坊是一个只用了氯化聚乙烯的板子围起来的很简易的房子。里边的地面未经过任何处理，就是原来的土地，一张大的工作台深而牢固地埋在地里。因为要想准确地挥舞刃器，就必须有一张结实牢固的工作台。周围是堆积如山的刨花。他做的木盆是用链锯、电动刨、木锛来完成的。当我们看到那做工精致细腻的木盆时，绝不会想到从原料到雏形这一过程是如此的大刀阔斧地劈来砍去。先是用链锯沿铅笔画的线锯出一圈缝痕，把中间的部位取下以后就可以加工雏形了。最后确认好木盆的形状以后，就用斧子来砍。木锛是用来刨光木盆内侧的。成品木盆内侧的波纹应该是好像海水的涟漪一样的。这种木盆用来和揉荞麦面真是再合适不过了。又因为日本深爱手擀面，所以，近来这种木盆的订货总是络绎不绝，但是，制作木盆的人却是越来越少。平野那里也没有继承人。他生活的这个地区被雪覆盖的严冬很长。平野在没有雪的季节里制作木盆，而冬天他会在室内做些长把勺。没有人和他一起工作，他的工作是一个人在默然中完成的。他今年六十八岁，除了是制作木盆的著名手艺人这一身份以外，他还担任着村议会的议长一职。

平野守克口述

我们桧枝岐是在福岛县的最南端，是地处新潟、群马和栃木三县交界的一个很小的村子。从我们那里可以直接进入尾濑国立公园。四周围被山环绕，土地非常贫瘠，稻米和其他的谷物都无法种植，可以说几乎连耕地都没有，有的也只是道路和人家。村里居住着二百户人家，七百多口人。

我是专门制作木盆的。在桧枝岐，夏天做这个的有我和另外一个人，冬天还有三个人也在做。

为什么要在夏天做呢？因为我的作坊小，所以，从整材到出雏形只能在屋子外边完成，而我们那里的冬天几乎天天都在下雪，户外根本不能做活。因此，冬天我就在屋内做些长把木勺一类的小东西。

今年冬天已经下了两场雪了。下第一场雪的时候还只是积了一层薄薄的雪，可这第二场下了足有二十厘米厚，要等它们融化得到 4 月以后了。

在我们当地管这种木盆叫"饭造"。听老人们说，这是因为早饭、中饭、晚饭三餐都带饭字，我们那里每餐都是以吃荞麦为主的，而这荞麦又是在木盆里和的，那么木盆被视为用来做饭的，因此而得名"饭造"。又因为这种木盆很厚，在过去没有冰箱的时代，早上做的饭放在里边，盖上盖子，等到晚上吃的时候都不会变味，所以也有人叫它"饭藏"。不过，这些也都只是传说而已。

这种木盆原本就是用来和荞麦面的。从前，桧枝岐连小麦粉都没有，除了荞麦就是荞麦，为了变换花样，人们就想方设法在荞麦面中加些艾蒿一类的野菜，然后，揉成一小团一小团的，吃的时候，或蒸或煮，每家都是这样。

过去不像现在这样买卖方便自由，自家用的东西都是自己动手做。那时候我们是用从林业局转手下来的木料，在林子附近搭盖一间小房子，然后就在那里边伐树边制作些木盆什么的。除了自家用以外，还拿它去换些别的生活用品。

做这木盆用的材料是枥树。枥树能长得很粗，我们这一带很多。一般比较粗的情况下，有六十厘米长就够做两三个的。

切割材料的时候不是把它横着切成圆板的，那样的话会很容易开裂，需要竖着劈开。枥树心那红色的部分最容易开裂，开裂了就不能用了。所以竖着劈开以后，沿着我画在上面的白线挖下去才行。所以，一整枥棵树也就只能做两三个木盆，四个都很勉强。

枥树的木料好就好在它的材质很坚硬，不轻易出现裂纹，而且用的时间越长还会越发光泽，油亮亮的。

除了枥树我们那里还有很多毛杨树，但是毛杨是一种很容易开裂的木料，所以只能用它做些木把勺和木刀一类的东

桧枝岐木盆和做它所需要的工具

西。毛杨的木料很好劈，只要沿着直木纹很容易就劈开了，因此它不能用来做木盆。枥树因为很硬所以劈起来是很难的。

现在这种木盆很受欢迎，我几乎天天都在不停地做，还是忙不过来。随着稻米耕地面积的减少，一些农田里也种上了荞麦，荞麦收获了以后，人们都想自己动手擀面条吃，最近，这已经成了一种时尚，所以买木盆的人也多了起来。另外，过去城市里的人做寿司拌饭（在做好的米饭里拌上事先炒过的香菇、胡萝卜、竹笋和虾肉，再加上寿司醋）的时候都是在木桶里来拌的，现在自从有人发现用木盆拌起来更方便更好用以后，城里来订货的人也增多了。

一只木盆能换两升五合的米

我开始做木盆是在二十七八岁的时候。我还记得那时我们村里做这种东西的只有一两个人，还不如现在做的人多。

战后粮食最短缺的时候，因为我们那里耕地面积很少，为了能有饭吃，就到奥只见地区去开垦农耕地，我就是在那里学会做木盆的。

我的祖父过去也是做这个的。因为我们住的地方离新潟县很近，所以，祖父做的木盆差不多都卖到了新潟县。这里说的"卖"不是现金交易，而是拿它去做物物交换。那时候，大米很贵，用这样的木盆可以换回满满的一盆大米。如果用升计算的话大概有两升五合吧，这就算是一天的所得了。而在从前，一天是做不出一个木盆的。现在，因为有些步骤可以靠机器来解决，一天做一个都不成问题。可在当时，每一道工序都是纯粹靠手工来完成的，所以，做一个木盆，快的话也得一天半，有的甚至需要两天。

因为我们那里不产稻米，又几乎没有现金收入，所以挣钱的方法只有上山去搞林业，靠伐树来卖些钱。木盆是另一个现金收入和换大米的手段。

现在，我们那里因尾濑国立公园而繁荣起来了，每年大量观光客来访，使二百户人家中一半都经营起了旅馆。这些旅馆都会给客人提供作为桧枝岐特产的手擀荞麦面。面当然是用这种木盆和的。

学徒的时候，开始都是给师傅打打下手，轮不上做盆。一两年以后各个步骤就慢慢地记住了。可是，算起来我做木盆也做了几十年了，真正做出自己特别满意的物件还一个都没有。我觉得做木盆最难的地方就是如何让其内侧刮出的面像鱼鳞一样的一致。其实，内侧是不需要很光滑的，因为太光滑了以后和起荞麦面来会粘在盆上，刮出鱼鳞般的表面就为不让面粘在盆上。

现在，机器制作的木盆也不少了，我们村里的林产所里就在做，他们是先用机器刨光，再在内侧铸出"鱼鳞"。

做木盆时，我用的工具主要是链锯和两种锛子，还有最后收尾用的手震磨以及光滑边缘用的刨子，还有削砍外侧用的斧子。这个手震磨很重，因为太轻了手腕容易疲劳，工具重一些用起来省劲。

别看我已经做了这么多年的木盆，可做出自己满意的作品一年中也就两三个吧。所以，赶在这时候买到它的客人算是运气好。

木盆要保持一定的重量，否则两只手和起面来会不稳。所以，制作的时候要做得稍厚一些，稍深一些，这样就能保证它的重量了。

我们桧枝岐近年来又增加了不少荞麦田。过去种荞麦和小米的农田，有的都已经荒芜了，于是村里又把它们重新翻整一遍，种的这些荞麦是为了在它开花的时候让来访的客人观赏用的。还真有专程来观赏荞麦花的旅游团呢。每年我们都搞送荞麦花的活动，就是从我们那里把刚剪下的荞麦花带到东京和横滨送给那里的人们。然后再组织他们到我们那里去看盛开着紫色小花朵的荞麦田。

从前，我们也都是住在林子旁的小屋里做活儿的。在靠近林子的地方盖一间十平方米左右的小房，做活儿、吃饭、睡觉都在那里。晚上睡觉的时候，把满地的刨花清扫一下，铺上被褥就睡。早上起来，把铺盖卷成一个卷儿放到搭在屋内的棚子上边。家里人跟我一起去的时候很少，基本上都是我一个人。一次带上十天左右的主食和副食，就驻扎下来。做好的物件堆放在房间的一角，等雪融化了以后再把它们背下山去。每隔十天我要下山去取食物，严冬的季节，只能瞄准天气好的时候下山。

斧 技

我手头上正有一个已经做了一半的木盆，我来做给你看。先用锛子把里边锛到一定程度，然后就可以用手震磨来刮了。在这之前是先用链锯锯出个雏形，锯下来的芯的部分可以用来当柴烧。一般这种木盆的直径都在四十厘米上下，我做过的最大的木盆是直径一米的。

作为木盆材料的栃树木料有的是从林业局那里转手过来的，也有的是从一般民间的木材公司里买的，从木材公司买的时候更多一些。

具体开始做的时候，是先把一根圆木竖着用链锯锯成两瓣或三瓣。然后再按所需的厚度锯成一块块的木料。在这些木料的表面用简易圆规划出一个圆圈，分出木盆的内侧和外侧。

边缘的宽窄没有固定的尺寸，根据客人的喜好或宽一些或窄一些都无妨。在决定好了边缘的尺寸以后，就可以下斧子了。我们用的斧子比木匠用的那种稍短一些，砍的时候是立着斧子往下砍的。

外行人一定认为，斧子这么粗愣愣的东西怎么能做这种细活儿？那不是很容易砍到不该砍的地方吗？当然这里边是需要窍门的。砍完了里面，再来砍盆底儿，先用链锯锯掉周围不需要的部位，然后用平斧来慢慢地削出形状。

我用的斧子，削里侧的时候用的是圆形刀刃，削外侧用直刀刃。这两种斧子没有各自具体的名称，都叫做"斧子"。

我的作坊里有一个工作台，是把一根直径很大的圆木埋在地下做成的。埋入地下一米多深，只露出三厘米左右来做台面。做工作台用的圆木不是栎树的木料，因为栎树埋在地下容易腐烂。我用的是橡树，橡树不易腐烂，几年都不会有问题。

栎树作为木料属于不软也不硬的那种，取两者中间吧。比杨树要软得多。以前，我也曾经做过杨树木料的木盆，但是，我们那里杨木的原材料很难找。

上：先用一种手斧削砍木盆的内侧

下：再用另一种手斧巧妙地削砍外侧

工作的时候一整天都是坐着的。所谓的工作服也没什么特别的，也就是上身布夹克，下身工装裤。

桧枝岐没有制作手震磨和其他那些工具的人。只有在新潟县的小出町有一位专门做这些工具的师傅。我都是去请他帮忙来做。但是，那位师傅也因为仅靠做这个不能吃饱饭了，所以他关了打铁的作坊卖起电器用品来了。不过，只要我去求他，他还是会帮我做。除了他就再没有第二个人了。从前这样的人很多的。

木盆的原材料——枥木也越来越少了。现在我们用的都是从岩手县（福岛县以北）买来的。没有粗大的树料，就做不了大的木盆。当然稍细一些的用做一般家庭用是可以的。

这些工具的木柄也都是自己做的。比如枫树就是很硬实的材料。看见粗细适中的枝干，把它砍下来拿回来削削砍砍，一把工具的木柄就出来了。

刚才我说过，从前我们的木料都是从林业局那儿转手过来的，过去，砍伐树木都归林业局管，说转手实际上也是要花钱的。只不过，在他们伐树之前我们要先选好自己想要的树，然后跟他们说：请把那棵转给我吧。得到了他们的许可，树也可以自己去砍伐。现在，林业局把这样的活儿交给下边专门从事伐树的公司，这些公司卖的都是圆木，而不是原树。

材料的好坏从外表是看不出来的。所以，有时候买回来以后才发现不能用。

有时用链锯锯着锯着，就碰到了"节眼"，这些节眼都是当树还在幼小的时候，有人折了它的枝条，那么在树成长的过程中，折了枝条的地方就会自然地长死，长成以后就形成了"节眼"。在木盆的制作过程中，有时节眼是很容易去掉的，可有时正好赶在边缘的地方，客人是不愿意要这样的木盆的。遇到这样的情况就干脆把做到一半的木盆扔掉了。所以，一年中总得扔掉五六个。

没有了材料我们会感到很为难，喜爱木盆的客人也会难过。如果和面不用木盆而改用搪瓷盆，和出的面一定不如木盆和出的好吃。因为木盆能吸水，和面的时候不会粘连在盆上，这一点是搪瓷盆做不到的。

我那里既没有继承人也没有学徒的弟子，工具不好找，原材料更是难觅，可见这种工艺已经失去了它的魅力。

但是，这工作很有意思，说到底我还是太喜欢跟树木打交道了。

因为每一个木盆都是手工制作出来的，所以，绝对出不来同样的东西。有时满意有时不满意，这么多年就是这样反反复复地过来的。有时也随自己的心情，心情不好的时候，就干脆休息不干了。

勺子是钱的代用品

冬天的时候我就做勺子。做勺子又是完全不同的技法，外侧虽是用柴刀削，但内侧的处理就比较复杂。炉子上烧一锅水，把木料放在里边煮，做勺子用的木料是毛杨，如果不经过煮的话，内侧硬得根本无法刻下来。刻的时候是用一种特殊的圆刃刀来刻的。我那里做这种木勺也同样没有继承人和弟子。现在，村子里做这个最年轻的也快六十岁了。我今年六十八岁，在做木盆的行当里已属高龄，可我们那里比我再年长的人还有，年纪轻点的好像只有一个。别的地区做的木盆我也见过，比如，秋山乡就有，那种木盆跟我们做的这种在形状上有些不同。他们做的木盆都是平底的，从边缘处一下子就斜下去，而我们的是圆底，从边缘处斜下去的弧度也是均匀的。想必是他们那里荞麦面的擀法跟我们这里不同，我也不知道他们为什么做那样形状的木盆。可是，听常擀荞麦面的人说还是我们这种圆底的木盆好用。

秋山乡的人好像很少与外界交流，所以他们做的东西也相当保守。

一冬天我都在我的小屋里做木勺。下雪了，就生起暖炉，把小屋弄得暖融融的。

木勺，坐着就可以做，要在从前，一天得做上百十个呢，那时候每天都要做十二个小时以上，从凌晨三点到深夜十二点都在不停地做。现在，一天能做三十个就不错了，从早上八点到下午六点。也许是我的手艺退步了，要不就是做的速度比从前慢了。

木勺跟木盆所不同的是，工序更多更复杂。

木勺在过去就是现金的代用品。比如，在当地的商店里借了东西，都先让店主记在账上，上山干十几天，如果是夏天就能很快地把做好的木勺背下山来，交到店里，那时几乎是看不到现金交易的，都是物跟物的交换。

我们桧枝岐冬天下的雪能积一米五厚，而且多是暴风雪。雪，安静地下的时候一年里只有两三次，其余的都是夹着暴风而来的。所以，到处都可见一个个的大雪堆。要问我一冬天到底下多少雪，我还真说不清楚，只能告诉你们大概是一米五厚。

我们那里每年11月的第二个星期六要举行"新荞麦节"，就是大家聚在一起品尝新收获的荞麦。按季节而言收获荞麦是在红叶落了以后。

（1993 年 11 月 28 日访谈）

冈山的船匠 山元高一

（1912年4月20日生）

导　语

　　冈山县内有三条大的河流，吉井川、高梁川和旭川。它们以鸟取县境内的中国（日本本州岛西部的山阳道、山阴道两个地区的合称，包含鸟取、岛根、冈山、广岛、山口五个县）山脉为源头，穿过吉备高原以后涌入濑户内海。这几条江河流过冈山和仓敷这两个昔日商业繁荣的小城，曾经是小城的主动脉。人们从上游下来的时候带着农副产品、柴火和木炭，卸下那些东西以后，再从小城带回日用品以及和服等。那时候不像现在这样到处都修桥，而是靠渡船连接起各个村落，同时，江河还是一个巨大的渔场。

　　过往的时光里，往上游和往下游去的高濑舟（穿梭于京都高濑川上的一种船底平坦的小船，作家森鸥外曾经写过一篇关于"高濑舟的文章，因此这类小船都被统称为高濑舟）在川流不息的江河中穿梭往来。渡船停靠在小码头上等着载人出发。渔民们手撑着小型的木造船撒网、收鱼，好一派忙碌的景象。当铁路网日趋完善，运输的手段变成了以汽车为主的公路运输，江河上的运输工具就消失了。日本全国各地只剩下很少的一些河船，那些是专为捕鱼而留的。

江上的船都是合着江河的习性而造的。有些江河的河滩波浪很急，而有的河川要到中下游才是捕鱼的场所。江河里的渔船根据捕鱼方法的不同造法也不同。船的形状可谓形形色色。冲绳还保留有小型的手桨鲨舟船，熊野川也保留有独特的江船。这些船都装有船外发动机，船体也都是钢化玻璃材料，这种材料比重大浮力小，但是保养起来很简单。而木造船虽然操船容易，但对于木头的保养很讲究。

现实生活中有各种各样的理由使得木造的江船消失了。现在，全国各地就还有那么一两个船木匠因为还有用木船捕捞江鱼的渔民而存在而制造。

坐上从冈山出发开往津山的火车，沿着旭川江一路前行，能看到一些船尾笔直而窄长，船头开阔而微微上翘的平底船慢慢地滑行于江上。

　　山元做的船就是这种形状的江船，但比传统尺寸要略小，专供渔民打鱼用。他的家就在旭川的岸边，住房的后身就是他的造船作坊。我去的时候他正在同时制造着两艘一模一样的船。因为离江很近，所以船造好以后马上就可以下江试水。江边上停靠着他十几年前恢复建造的，也是这个村子最具有代表性的"高濑舟"。年头久了略有破损，最近他正在忙着修理，他夫人给他当助手。放置材料的地方，晾晒着很多杉树的木料，足可造好几艘船。还有几艘破旧的已经被拆开的老船也搁置在那里，因为有些好料还可以接着用，于是放在那里等着有人要订制的时候用。"每一寸木材都是宝贝"，这是这些常年从事造船工作的师傅们的信条。"但是我们的工作已经不能养活一家人了，连饭都吃不饱了。虽然我把技术传给了儿子，但是能不能继承下去就很难说了。我把能留下的都尽量留下。"材料房里放置的木材还足够复原一条标准尺寸的高濑舟，什么时候有人订货马上就可以动手制造。尽管已经寥寥无几，但是江船还会偶有订货。"有人说我们船匠就是敲敲打打的木匠，傻瓜一样的。可不是吗，我们整天就是修理船上

　　　　　　　　　　　　　　留住手艺

的伤，填补船上的节孔，到处钉钉子。"

山元告诉我他做的船是绝不会渗水的，为此他从不吝惜时间和工艺。我一边看他操作一边听他叙述。

山元高一口述

我这么个船匠有什么资格能登上书呢? 小学三年级的时候因为得了胃溃疡，不能继续再上学了，一歇就是两年，后来虽然治好了，但是直到现在都一直得吃药呢，算是落下的病根儿吧。而且我除了胃溃疡还得过其他的很重的病，反正我这辈子除了造船就没有过什么大出息。按照户口本上的记录我是明治四十五年（1913 年）4 月 20 日出生的，但实际上我是 1 月份出生的。那时候兵荒马乱的，连生日都不是太确定。我本不想活这么大岁数的，活得年头太多了就是给别人添麻烦了。 但是话又说回来，人活的时间长了，就会经历很多很多的事情。比如我，为了养家糊口什么都没想过，就是埋头造了一辈子的船，结果到老了，居然还领到了这个。这是我们镇上发给我的"非物质文化遗产指定"的证书。这上边写的是"特指定你作为建部镇非物质文化遗产木造川船制造技术的持有者"。发给我这个是今年（1998年），我是我们建部镇上第一个领到这个的。据说是因为已经没有人在做江船了，所以颁给了我。

我们附近的牛窗镇上还有一个做海船的船匠。海船可是比江船好卖多了。我们这一带做江船的人早就没有了。但是船还有很多，因为这种江船很结实很耐用。你是走铁路来的吧？途中看到江上浮着的船了吗？那里边大多数都是我做的。也有个别的是别人做的。那些重新上了漆料的老船也是我的。

我十四岁就造了这辈子的第一条船。到今天已经做了七十多年了，你算算得做了多少条？年轻的时候一个礼拜就能做一条，做的船真是数不尽了。那个时候一条卖多少钱？这么说吧，我从十三岁开始打下手学做船，一年以后的十四岁就能做了卖钱了。还记得第一条船卖了十五块。后来再做的就卖到了二十六块。慢慢地就这么做下来了。我的作坊现在是在这里了，原来是在对面的，那边也是我的房子，早先一直在那儿做的，把房子中间的隔断都打通变成了作坊。我家的前边就是旭川，再往那边一点就是渡口。年轻的时候，我除了做船还做些竹子的买卖，生活还可以。现在光靠做船连饭都吃不上了。我现在如果不靠帮手一个人做一条小船的话，起码得一个月，现在的价格虽然涨到一条五十万，至少也得三四十万以上，但是算上材料费和手工，还有搭上的时间，真还不如不做，基本上赚不到什么钱。我把这个技术教给我儿子了，他跟我一起做过一段时间，但是真还不够一家人吃饭的，后来他就到他朋友的公司打工去了，那样反倒好了。农忙的时候还可以休假回来照顾照顾田里的活计。他已经不再做船了。

连看带模仿着学会的技术

我父亲从前也做船匠，祖父也是。我的手艺实际上是跟着祖父学的。祖父的名字好像是叫"春"。开始我是跟着一个叫"常一"的手艺人学。后来上学了，十三岁那年这一带挖了条河形成了水路，然后为了便于大家前往下边的村落，江边就开始有了高濑舟。那时候工匠们都是在江边造船，我每天

操弄着江船的山元高一

上学的路上总能看到。我父亲把有些破烂不堪的船廉价买回来，自己修理拾掇，这是我学习造船的开始。后来家里请了一个叫阿隆的船匠来帮工，我受了他很多的启发。那时候我父亲买了这周围的很多山林，要砍树劈木头锯板子的这些体力活多亏了有阿隆在。从那时候我就算开始学着做船了，说是学，其实就是在旁边看着大人做，从学校一回来就直奔江边的作坊，阿隆手很巧，还会做那种摆渡船呢。因为他是专门做高濑舟的，所以从小船到摆渡船他都能做。但是每种船

　　　　　　　　　　　　　　　　　　留住手艺

的工艺都有所不同。我自己在家里做的时候，有时候不知道往下该怎么做了，就骑上车跑到江边他的作坊里目不转睛地盯着看几个小时，弄明白以后再回自己那儿接着做。就这么骑车来来回回的，阿隆也为我的执著打动，所以他总是任由我看，还会给我讲解一些门道。

后来，二战爆发，阿隆要上战场，就和我们告别，从此也就离开了作坊。

从前过河都是靠摆渡船

我家的后身就是旭川。再往那边就是吉井川，它的上游是津山。我帮津山南边做过两条摆渡船，帮金谷那边做过三条，摆渡船很大的。现在手头上正在修理的这个是高濑舟，这个有点小，有八尺（2.4米）宽，四尺（1.2米）高，长度有多少哇？船头往后倾，得有八间（约14.4米）吧。高濑舟一般长八间，深四尺，宽八尺，这基本上就是从前的老尺寸了。实大船名小舟。修理的这条是昭和五十六年（1981年）津山观光协会特别委托我制造的，当时为了发展津山旅游，是完全按照从前的尺寸和模样造的。我把它看成是最后的高濑舟。因为就连我自己最后看到高濑舟穿梭在江面上都已经是好几十年前的事了，我二十几岁的时候。已经没有人能做了，主要是没有人用了。

其实话说回来，我这辈子没怎么造过高濑舟，现在高濑舟可以说已经绝迹了。我很小的时候在江边看到过高濑舟沿江一路驶去，那情景是很美的。昭和九年（1934 年）这一带发生了一次洪灾，水都淹到住在江边上的人家的二层了。那次水灾以后，高濑舟在这一带就剩下一条了，金川还有一条，再就是仲场那边有一条，那是我记得的剩下的最后三条了。虽然没怎么真正造过高濑舟，但是我因为做这个年头长了，所以一看马上就能上手。我从小就是看着造船长大的，也是在船里船外玩着长大的，所以能造。再加上我一直造摆渡船，虽然跟高濑舟略有不同，但也只是大小的区别，造船的原理都是一样的。津山旅游协会找我造高濑舟的时候，我叫上我儿子数马也一起参与了。我想让他也见识一下高濑舟的制造工艺。

现在造得更多的都是些一般的小船了。因为只有这种小船还有需求。摆渡船已经没人在造了。我们学徒的那时候，哪有桥哇，冈山到胜浦那一带要靠摆渡船才能去的。那个时候我们家里雇着四五个船匠呢。阿隆，还有阿隆的哥哥，加上我和父亲。昭和九年的那场水灾以后，这周围慢慢地架起了桥梁。从前江边上有摆渡的栈桥、作坊、放材料的小房子，还有工匠们进出的小酒馆和小旅店。那场水灾以后的几年时间里连同摆渡船都消失了。

战后我们还一直都有活干呢。何止是有活儿干，甚至到了很繁忙的地步。你看到现在的冈山铁桥了吧，就是城楼旁边的那座桥，那里的摆渡船都是我做的。摆渡船一般是手摇的，用的桨是我们这儿叫作"一丁橹"的一种桨。就是用缆绳牵引一下，然后再用桨来摆渡小船的。津山那边虽然有一座跨越南北的大桥，但我也为他们做过两条船。所以我这辈子真是造了不知多少船呢。在冈山那边造过十年。冈山过去一点有个地方现在叫"御旅"的，我在那里还造了十年。我是在冈山空袭（1945年6月29日凌晨，美军使用一百四十架飞机对冈山县冈山市实施空袭，造成一千七百多名百姓伤亡）的那一年搬到这里来的，那次空袭把所有的工具以及所有的家什都炸光了。

用木头的芯周围的材料造出最好的船

造船用的工具跟从前没什么变化，只是手锯换成了电锯而已，其他都一样。凿子呀竹篾这些工具都跟从前一样。无论是摆渡船还是高濑舟，甚至八间八尺的大船都是我一个人造。不需要徒弟也不需要帮手，我一个人就能完成。像高濑舟那种比较大的船，一个月是造不出来的，怎么也得三个月。而且那么大的船是不能在家里操作的，所以我就到江边的作坊里去造。在那边可以把船吊起来造。我现在造的这条可大了，有四十五尺（大约13米）长。你看那里有很多木料吧，估计还有够造一条船那么多的木料。我们镇上的船需要修理的话我也是用那些木料。船一旧了，有些部位就容易腐烂。

简单地说，高濑舟的定价是按照使用的木料来决定的。用的料是最外层的，还是中间的，还是芯的料，这些部位的价格都不一样。即使是用红木的芯的部位造也就能用两年。常常会裂开一个洞，芯的中间的部位其实并不耐用。最好的料是紧挨着芯的旁边的部位，用它造出来的船也是最贵的。

锯木料的活儿我们都是从牛窗镇找专门的人来锯，我们外行人是锯不好的。我们自己锯的话都是从边上开始锯，而人家是先从中间劈开，然后从芯的部位开始锯的。这样一来芯的部位就会往边缘的部位贴紧一点，那个部位就是最贵的造船的材料了。最外层的白色的部位也好用。船的价格就是靠着这个来定的。

木料需要自己去山上买回来

木料从前都是自己进山里去买的。在山里看好以后就地买下，用斧子砍倒，拉回来搬到锯木料的地方把它们锯好再拿回来。你听说过四国的池田吗？池田那里有个叫山口的地方，山口那边又有个叫天豪平的地方，我们都是去那儿的山里买木材的。自己用的木料要自己看过以后才买，别人是不懂我们的需要的。自己在山里看到树是在什么样的环境下生长的，是什么样的树，心里会很清楚。只有真正用它们的人才想了解它们。买回去以后要运到多度津镇去锯成料材，因为木料太长了，搬运的时候会挡路，所以不能在池田镇锯。要运到多度津镇来锯好了再运回冈山。你看到那根长的料吧？

它有五十五尺长（16.6米）呢。你猜我们怎么挑选树木？如果是杉树的话一定要找越圆滑越好的。表面疙疙瘩瘩坑坑洼洼的，里边一定会有很多疙瘩树节，所以一定要买表面圆滑的。还有，如果是一棵离群索居独自生长的树，一定会有裂缝，那样的是不能买的。因为那样的树南风北风都承受着，树枝也会随着风来回地往树上绕来绕去，甚至有可能树根都不是特别牢靠，这样的树一般都很弱。我们这一带的树差不多都有伤，质量不好。从没人告诉过我怎么去分辨树的好坏，我是自己进山慢慢地看，买回来用了以后才慢慢搞懂的。我用的木料基本上都是四国和宫崎县的。属宫崎县的料最好，没有疙疙瘩瘩的。树的里边有了裂纹，表面就容易长疙瘩，所以选木料的时候就要看树表面有没有疙瘩。宫崎县那边的树一般都不锯掉多余的树枝，锯了树枝的地方就会有一个洞，那里就很容易开裂。宫崎县的山里有专门为造船用材而栽种的树林，只要订了货就给送来了。我们冈山这一带的树木都把树枝砍掉，树看上去倒是都挺直的，但是用这种方法植的树缺少黏性。造船用的树材最好是没砍过树枝的那种树。没有树节的树，劈的时候就像劈竹子一样，一下子就能劈到底，而有树节的树劈的过程中会在树节那里停顿一下，不可能一下劈到底，这就是韧性，所以造船用的木料有树节的会好些。要说杉木质量最好的还要数吉野那个地方的，颜色好，虽然木料不是太硬。我也用过那里的木料，颜色很好看，就是有点软。那种木料其实更适合做木桶，做木桶、房门和天花板都不错。吉野的木料虽然好，但不太适合造船用。我们冈山这一带的杉树都是黑的，我家的走廊和格子窗就是用它做的。我盖房子用的木料都是我自己买回一棵棵的树请人锯的，柱子还有拉门的上沿部分都是，还有从九州买回的木料，料都是我自己备的。

图纸就在我的脑子里

　　我十四岁造了第一条船卖了十五块钱。因为是第一条，所以还不是太有样儿。尤其是船头，很大很蠢。刚开始造的时候不可能掌握好形状。在木头上画线用的墨盒稍一哆嗦尺寸就合不上了。所以刚开始造的船都很畸形，船头都出奇地大。其实造船的设计图纸是有的，即便是江上的船，过去就有，但是我好像从没看过那个。我们船匠自己的脑子就是设计图。听了客户的要求，长度有几间，多大的船，基本上形状就在脑子里设计出来了。然后把脑子里的设计告诉客户，客户就会说这里再高点儿，那里再大点儿，但是尽管客户那么说了，也不是所有的尺寸都能满足他们的要求。因为我们造的船是按照长度而不是按照幅宽计算的。侧板的尺寸稍有偏差，船尾的大小就不合适了。你的脑子里有船的形状，但是如果不能把它们体现在实物上，那你就不能算一个合格的船匠。其实造船说到底不是件多难的事。

我是二十二岁那年结的婚。二十二岁娶了媳妇，可是我马上就去当兵了，回来后过了几年。三十岁的时候又赶上中日战争（1937 年的卢沟桥事变），又被征了兵，那次是跟我哥哥一起。但是哥哥体检没合格被刷下来了，理由是体质太弱，因为我哥哥从没干过体力活。我在家排行老二。上边一个哥哥，下边一个弟弟和一个妹妹。这样一来，三十岁我又去当兵了，两年以后回来。战争结束了，我没有回到这里，因为那时候我正好在冈山那边，就是现在铁桥那边的公园一带，就留在那儿一直造船了。以后没多久又爆发了太平洋战争，我记得好像就是早上八点钟左右吧，太平洋战争爆发了。空袭的飞机向我住的地方投放了燃烧弹。正好投到了现在冈山的家庭法院那里，立刻一片火海。

为了生存我做过竹筏

战争把我的作坊全烧了。没办法我就靠卖竹子养家糊口。岛浦那边有个叫富吉的人告诉我只要把竹子拿给他他就能保证帮我把它们卖掉。竹子从山里买来，把它们捆绑成竹筏，放到江里一路运过去，捆成竹筏的话一下就能运百十来根呢。摞起来很重的。卖不了船的时候我就卖竹子。船只有夏天才能卖得动，其他的季节我就做别的生意。那时候成色好的竹子一把能卖四千元，我运的都是实实在在的好竹子。后来听说我的竹子都被卖到了播州，播州那里不是有个东丸酱油厂吗，他们装酱油用的木桶好像是用竹子来箍边的。那时候桶都是用木头做，箍是用竹子做的。所以竹子是有多少要多少。另外每家院子的篱笆也要用竹子吧？好的竹篱笆很贵呢。我因为会造船所以做竹筏是小菜一般的。我撑杆操着竹筏，运到河的下游，再由他们用车搬运。我小时候成天在河里玩儿竹筏，所以撑杆的技术没人能赶得上我。我那时候一次要撑十个连着的竹筏排呢，很长啊。

这里是我的作坊

这里就是我造船的作坊。到处都是材料，足够造好几条船的材料。要一直这么放着干燥，这里还有不少旧船的船板，还能用的我也都买下来留着。这儿有两条正在造着的船。我造船，每条船的船底需要用几块板子粘起来是没有一定之规的，质量差的船一般都是因为用了又大又不好的板子来做底板的。你看那发红的部位就是最靠近树芯的部位，我们管这个叫赤身（日语中管没有膘的金枪鱼肉也叫赤身）。越是靠近树皮会越发白，我们叫白太（"太"有肥胖的意思）。发红的那个部位是最结实的，如果能用很多这样的木料来做船底，那做出来的船才是好船。

横板叫"元木"，看上去不是太正，有点扭曲着，是要靠它来托着底板的。海船一般是用热水来弯板子的，往板子上浇热水一直拧着它就会弯曲了，头的部位也是这样弯的。但是江船就不能这样了。有的部位需要紧，而有的部位又需要松，江船比海船更费木料。这些要靠自己的脑子设计。

做船的第一步是画墨线。不管什么样的船都先要画笔直的竖线。画了笔直的竖线以后，再定船的大小，比如江船，定了船的大小以后再计算横幅。在最中间的部位决定船的幅宽，再在两个部位定下船梁的位置。这都是设计吧? 决定船长的竖直线和决定船宽的中间部位这两个关键的地方用墨线定好以后，其他的部分就全靠自己的感觉了。

我的船是绝不会漏水的

一般说船匠要学五年才能出徒。但是即便是五年出了徒，还是什么都造不了的。我儿子不是也出徒了，也在造船吗? 但是手艺还差得很远呢。尽管自己说自己造的船这么好那么好，可是一下水就露馅儿了，能造出下水却不漏的船可不是那么简单的。一般的船一下水都会漏，但是我的船是绝对不会漏的。我一般会在船底板上用些有树节的料，而在树节周

留住手艺

山元高一的作坊

围再插上些很细小的竹条，竹条会把那些树节的缝隙填满。因此，船一旦略有浸水马上把竹条钉进缝隙，然后就没事了。也可以把竹条削得很细，直接钉进有节子的木料。用竹条这个方法是因为竹子耐水，而且钉木条是钉不进去的。木头比竹子软多了，根本不可能钉进去。但是竹子就不同了，什么竹子都可以，只要是竹子，削细了以后钉进缝隙里去就能起到防止和阻止浸水的作用。因此木料如果有很多的节子是件很麻烦的事。有时候要用上一整天的时间来处理这些节子。钉竹条的时候是从内侧钉进去而不是从船板底下。也许因为船底板用的木料是桧木而且是紧挨着树皮的那部分，吸水性比较强，因此才一见水就会很快把缝隙合上。我们这一带造船的匠人都用这个方法。板子跟板子之间也用，树节的缝隙钉进细竹条这个做法是很关键的。竹条钉进去以后接下来要把它们"锯平"。就是用锯子把长出来的部分锯掉，但是不用"回锯"，让锯过的面糙糙拉拉最好。锯子就是用最一般的锯，没什么特别的。如果不这么处理一下的话，船体被太阳一晒，板子之间就会裂开，就像木桶那样会有裂缝，水就会顺着裂缝进来，但是因为用竹条处理过了，一旦进水竹条马

　　　　　　　　　　　　　　留住手艺

往木节的地方钉竹签能有效地防止浸水

上会起作用，它会根据板子的情形膨胀收缩，这样水就不会渗进来了。如果不是它在起作用的话，那水的力量是很大的，什么都无法阻挡。特别是在夏天太阳当头的时候，船板内渗进来的水就会晒干，板子一收缩，板子之间就会出现缝隙，夹带着河泥的河水就会往里渗，这时候又是竹条挺身而出进行阻拦。因为在木板之间凿竹条之后还要再把木板敲打一番让它更紧一点，因此竹条见水一膨胀，木板之间就更是一点缝隙也没有了，水也就自然被挡住了。每一块船板之间都一定要严丝合缝的，不能有一点重叠的。每一块板子一定要可丁可卯。这算是"不漏"的手艺吧？其实在我看来倒是没什么。一块块接起来的板子要用锤子敲打每一个接口的地方，让它们更紧一些，底板也是一样。但也并不是说什么船的底板都能敲。小船的底板是可以敲的，高濑舟的底板是用松木做的，不能敲，因为松木比较软，一敲就会凹进去。所以要在底板塞上处理过的桧树皮。高濑舟在行驶的过程中，一旦遇上了石头船底板就会高隆起来，如果是杉木的话一定就裂了，正因为是松木比较软所以才不会裂。那你要问了，干吗不用松木造小船呢？你是不知道用松木造出来的小船重

留住手艺

得不得了啊。而且还容易打滑，一沾水就滑得不得了。也有用桧木造船的，但是桧木也是会打滑的。遇上下雨或者存了水，船底就打滑得不能走了，必须扶着才能挪步。也有的地方用槙木做。但是那个料也很重，据说在中国造船好像用那个。但也是上边用，船底是不能用的。海船的材料无所谓轻重，都没问题，但是江船就不行了。江船要求船体必须轻便。重了以后船尾就会往下沉了，船尾浮起来了船头又沉下去了。而渔船的船尾一般是要放渔网那些很重的东西的，船尾一重了就自然会沉下去了。江船的寿命一般是二十年，但是如果保养得好还可以用更多年。你看到的江边上停放着的那些船都有二十年了，不用的时候就把它们拖到岸上来，放在水里是会腐烂的。现在高濑舟因为是作为参观用的，所以需要放在水里，但是它不会腐烂。

船匠的工具

对于我们船匠来说最重要的工具就要数船钉了。有十几种之多呢，大小形状长短都不一样。我们这里已经没有人做了，我都是从广岛那边订货的。这之前牛窗镇那里有个铁匠做这个，但是他去世了，就没人做了。那人临去世到我这里来，把手里的船钉都给我了，我本来是打算让他寄给我的，但是他自己亲自跑来了。回去三天后他就走了。他那里原来有十几个手艺人做这个呢。现在我们这里已经没有专门给船匠做工具的打铁作坊了。广岛那边还有，所以就从那里订货了。像我们船匠用的凿子什么的那里还在做。一般木匠用的凿子前头是有刃的，我们船匠用的凿子因为要钉船钉，所以虽然前头是尖的，但是后边也就是凿柄的部位是镶了铁的，这是为了钉船钉的时候要用锤子在凿子上敲打把船钉钉进去。广岛那家铁匠作坊只要是我的订货，就一定会做的。我们用的锯，锯齿那部分跟一般木匠用的锯是不一样的。因为我们是竖着锯木料的，所以锯齿都是直的，如果竖着锯，内侧就必须是直的。另外造海船和造江船用的手斧也是不一样的。海船的手斧比较窄，因为海船的船底有轴穿过，因此要像挖隧道一样，手斧的头是都尖的。中国的船又不一样了，他们是压着用锯子的，我修过中国的船所以知道，从前的那些船造得真是不错。

船匠一般没有能说会道的，会说的都不是好船匠。

制造高濑舟所需要的各种工具

　　我们造船用的船钉没有一根是笔直的，都是有弯儿的。
所以要用凿子先给钉子开辟出一条路，然后再把它们钉进去。
说白了，我们的活计整天就是钉船钉和竹签，所以有些人就
管我们叫敲敲打打的木匠。听上去很傻是吧？但是也很了不
起呀。卢沟桥事变的时候我正在造船厂做事呢，我们那里有
从九州来的还有从千叶县来的，都是木匠，也有从冈山和广
岛来的大叔，足有六七十人。我们每天在一起修理船只，修
的是日德战争中使用过的船只，都是些破旧的船，因为谁都

没干过，所以就找来了木匠。那时候我们是属于军方的，年轻人都当兵走了，我离开那里的时候还没有年轻人。最后，所罗门海战又招走了一批年轻人，去的年轻人没一个活着回来的。那时候就听说千叶县那边已经没有船匠了，全都上了战场。如果我们这些人不干了，那这门手艺就真的断了。

我的船轻松地逆江而行

要说我的船有什么特点，就是一个"轻"字。因为船头是向上翘着的，所以在江里一眼就能看到哪个是我的船。船不轻的话，操持起来很难。海船是靠着橹切水而行的。江船是要乘着水前行的，船头不够高的话，水一下子就会从前边冲进来。我的船船头翘高七八寸呢，船尾也翘着，所以行船的时候很好操持的。撑杆的时候很容易，轻轻地一撑船就会轻巧地乘着小波浪嗖嗖地走起来了。

江船的船底平坦是因为江河浅。船到了浅滩的地方船头下去一个人稍微背一下就能把船拉出来了。江船最适合往上游划。

留住手艺

往高濑舟船头的空里插一根木棒，人就能轻松把它提起来。高濑舟的船夫们撑船用的竿子是桧木做的，他们不用竹竿。其实用竹竿更省钱。木头的话还得加工，多麻烦。但竹竿一来撑的时候会出声音，二来也打滑，冬天天一冷竹子表面就会很凉，握在手里很难受的。高濑舟行船的时候船夫要把船头撑得很高很高，把船竿插进江里一直压到底，到了上游以后，船夫会跑到船尾轴的地方，再把竿子深深地插进河里，如果是要把船横过来的话，就在中间"元木"的地方，把脚跨在上边较着劲地挪几下就过来了。一会儿上游，一会儿下游，一会儿进了浅滩还得下水去拖船，这些都是一个人干。

但是小船就省事多了，也一样能走到上游很远。我们撑着小船都到过胜山那边去打鱼，去捕江里的小鱼。

（1998年6月3日访谈）

肆　合着使用者的身体制造农具

铁匠　高木彰夫

（1940年1月18日生）

导　语

　　我记得在我还是小孩子的时候，我们周围的每一个镇上都至少会有一家打铁的作坊。我还记得作坊里的那些风箱和炉子，还有用锤子凿打的声音。但是，不知从什么时候开始这些作坊都不见了。那时候，家里的日用品需要修理了，或者想再做个新的，都是很自然又很随便地跟那作坊的工匠打声招呼，然后过几天去取就可以了。小孩子会让他们做一个缠在陀螺身上的铁丝；在河里扎鱼的人会让他们磨一磨扎枪的头；农家人会拿来镰刀、锄头让他们修理。工具都是用了修，修了再用的。用惯了的东西，时间越长越是舍不得扔掉。于是，就有了修理来又修理去的习惯。那些作坊也因此而成为生活中不可缺少的一部分。

　　　　　　　　　　　留住手艺

当"修理"这一习惯从我们的生活中消失了以后，那些作坊也就很自然地不复存在了。当农家人不再使用手工做的农具，当各种农用机械开始活跃在田间地垄的时候，打铁作坊也就随之消失了。

做山上的活计使用的柴刀、斧头，做地里的农活使用的镰刀、锄头，这些工具都有着为了适应当地风土和自然而形成的独特的形状。它们是由使用者来提出具体的要求，然后由制作者按照要求来制作的，是经过了反反复复的实验才完成的既优美又实用的工具。现在，商店的柜台里摆放的都是那些在工厂里成批量生产出来的长相一模一样的工具，需要靠使用它的人让自己的手和身体去适应它们。只有一小部分专门从事山间、田地农活的人在为没有人制作那些得心应手的工具而感到为难和悲哀。但是，这一小部分的人毕竟是太少了，不足以让一个作坊存活下去。

高木经营的"报德锻工所"是目前已经为数不多的打铁作坊中的一个。他的作坊历史悠久，曾经是为那些在战后为了生存而进行开荒的农民制造和修理工具的重要的作坊。他们靠真本事制造锄头等农具，他们还会找各种窍门为农民制造既省钱又牢固和实用的农具。

　　高木算是第二代打铁匠。他继承着父亲那一代创立下的品牌"源次锄"。但是，订货的人已经越来越少了。他的作坊位于福岛县西白河郡西乡村一个叫川谷的地方。在那里他们边承接一些钢骨铁架的安装和焊接的活儿，边精细地制造、修理锄头。他给我讲的是越来越少了的打铁匠的故事。

高木彰夫口述

　　我们打铁匠干的活计就是制造农具，也就是农家在干活的时候用的那些工具，主要以镰刀、锄头为主。跟工厂的批量生产所不同的是，我们制作的工具一个个都是手工打出来的。所以，每一个都会有微妙的差别，不可能完全一样。农家人在找我们打工具的时候总会提出更加便于自己使用的要求。老客户来找的比较多的是修理他们手里的旧农具，实在不能再修的时候，他们让我们再打一个跟从前那个一样的，等等。每天都是诸如此类的事情。

从前，无论是哪个镇上或村里都会有一两个打铁的作坊。修理些日常生活用品，打些孩子们的玩具什么的。在我们白河地区有一个叫金屋町的街市，曾经有过好几家打铁作坊，所以也有人管金屋町叫铁匠町。总之，那里曾经有过不少作坊。而且那些作坊也不只是制造农耕用具，还做其他的金属物件。

我住的地方离白河地区还有十二公里，已经很靠近山里了。那里的村落大多是战后开荒时期从别处移民来的。战后，由于日本的农耕用地很少，于是国家号召百姓开垦荒地，所以很多人就来了，我们西乡村川谷这一地区就是这样形成的。

在二战期间，有一些像"满蒙开拓团"那样的组织，是准备到第三国去的团体，我们叫做开拓团。各地专门为这些开拓团的成员设立学校教他们一些手艺，也就是到第三国以后的生存方法。我父亲就曾在那样的学校里教打铁技术，虽说是学校，但没那么正规。也就是在那时的开拓高潮中，我们移民到了现在住的这个地方。父亲开始打铁，而后我又继承了下来，算是第二代吧。

父亲创立的"源次锄"

我们上小学的时候都唱过这样的歌:"手煽着风箱把火烧……"我们打铁的就真的是用手煽着风点火,然后在炉边儿打制各式各样的工具。现在,"手煽风"早已换成了鼓风机,而过去常用做燃料的木炭也被柴油所替代了。严格地说,燃料的变化也会使铁制品在成形时产生差别。

我们锻工所制造的代表产品是"源次锄",锄是用来垦地的。过去,锄头和木柄之间是没有空隙的,但是,那样的话农耕时土会存积在锄头上,所以才想出现在这个形状。

取名叫"源次锄",有人以为是跟《源氏物语》或《平家物语》(两部日本古典文学作品)有关系,其实毫无任何关系。因为父亲的名字叫"源次郎"。把郎去掉,换成锄字就成了我们的品牌。

给品牌定名字的时候也想了不少,因为在做这锄头的时候,得到过居住在茨城县内源町的加藤完治先生的指导,所以,也曾想取"完治"作为品牌的名字,后来有人说谁想的点子、谁动手做的就应该取谁的名字,于是,就想到了父亲的

留住手艺

名字，可是叫"源次郎锄"又有点儿啰嗦和绕口，于是，就叫了"源次锄"。这就是"源次锄"名字的来历。

一般打铁的人自己真正使用的很少。但是，因为我们是作为开拓团移民来的，所以实际上是边从事农业边干铁匠。也就是说我们可以结合自己在使用上的体会，或多或少地调整和改造那些农具的角度、长度和重量。当然不仅限于锄头，各种各样的农具我们都做。同时，除了我们自己改造以外，农家人在委托我们打农具的时候，也会提出各式各样的要求，他们会根据自己的身高体重，提出把农具的角度或直一点、或弯一点的要求。其实过去，每一件农具都是这样合着自己的手和身体定做的。但是，随着打铁作坊的消失，这种量身定做的形式也越来越少了。人们不得不从那些模样相同的工具中挑选适合自己用的，也就是说，要让自己的身体去适应工具。

这些作坊消失的主要原因，我想应该是铁匠们已经不能靠这个维持生活了。与其说我们做的东西卖不动，不如说是它的需求量已经大大地减少了。因为现在使用手工农具从事农业的越来越少，随着机械化的普及，人们已经不再靠手进行劳作了。

过去，工具都是在打铁作坊里打制的，所以，坏了以后也都是拿到作坊里来修，多小的工具都是这样。没有作坊的地方，用的工具都是一次性的，坏了就扔掉了。

你一定认为打铁用的铁是很硬的东西吧？也一定觉得打铁是很难的工作吧？其实，铁是很软的。它有着一经加热就会变软的特性。也就是到了一定的温度，说得简单点儿，烧红了就可以轻而易举地让它弯曲和成形。

你想知道一把锄头是怎么打出来的吗？如果细分的话，程序可太多了，大致地说，也得有十来道吧。电视上，偶尔也会介绍刀的打制过程，可从没看过有介绍农具的打制过程的。其实他们的制作过程是很相似的。那制刀的作坊跟制农具的作坊到底有什么不同呢？说到底，制刀的作坊就打刀，而制造农具的作坊制造的种类要多一些。就这么点儿区别。

我们的作坊从前制造的产品有十几种。

我们那里用来打制铁器的原料是钢材，这在从前也一样。这种钢材我都是自己炼制的。

"渗炭法"是以前就有的一种炼制钢材的方法。往铁里加进炭素的成分就能炼成钢材。知道了这种方法以后，我就

手工的工具是合着使用者的身体来制造的，当使用者没有了，作坊也就消失了

开始研究并试着自己炼制钢材了。

通常，钢材都是在大工厂里进行炼制的，可我那时想，如果自己炼制的话不是能节省开支吗？所以，就一直坚持了下来。而最早，我父亲就已经开始尝试这种方法了。一般的打铁作坊是不会做这个的。其实，说难也难，说不难也不难。简单说来，就是添加炭素成分这一热处理过程。铁，在温度达到一千三百度以后其自身所包含的很多成分就出来了。加

入的炭素让其他成分发生反应，钢材就炼成了。我们就是这样用自己炼的钢再来做那些农具的。打制的锄头是由钢和其他材料组成的。刀也是一样。凡是刃器，其刃的部分都用钢，而其他部位都是不用钢的。

用一整块铁板做锄头

打铁的时候，我们用的铁在买来的时候是一块块呈板状的。我刚才所说的钢也是用同样的铁，使用渗炭法来炼就成了钢。

从一块块的铁板到想要的形状，需要一个加热、锤打的过程。温度达到八百度以上，铁板就会变软并且可以弯曲。也就是当铁板烧到变成红豆色的时候，就可以打出自己想要的形状了。然后再进行与钢的熔接。铁和钢一经熔接，锄头的基本形状就出来了。熔接时的温度大约在一千六百度以上。一听说一千六百度你一定很吃惊，但并不是要在一千六百度旁边呆很长时间，而且，进行熔接的地方只是一个小局部，温度升高的地方也只是那么一角儿。

留住手艺

随着温度的升高，钢板渐渐变成了白色，到了一千六百度，也就是可以熔接的时候，看上去真可说是白色的。温度的调整全都是靠看颜色、凭感觉来进行的。再下来是用电锤来来回回地敲打，锄头的形状就出来了。在进行敲打时材料的温度也有九百度左右。物件不是一下子就能敲打好的，要放进炉里烧、拿出来打，重复好几次这样的程序才能打制成一把好的工具。

经过几个这样的回合以后，就逐步有了锄头的形状，这才用模子来定形。定好了形还要把周围多余的部分剪掉，用来剪铁的是一台带大剪子的裁断机。裁断时并不需要让铁变软，在平常的温度下就可以进行。接下来是锻压锄片的曲线。我用的锻压机还是战前买的呢，已经成了古董了，可还很好用。用它这么一压形状就算完成了。然后还要在七百到八百度的温度下再烧一次，要轻轻按着物件，像在做点心一样。

然后是焊接用来插锄把儿的部位。这个角度很重要，所以要合着尺子来焊接。这些都做完了以后，还要用研磨机打磨一下已经成形的锄头。这种用来打磨铁器的研磨机可以把锄片的背面打磨得又圆滑又锋利。在锄片基本制成了以后，还有最后一道工序就是"淬火处理"。所谓淬火处理，就是把做好的物件再进行热烧，然后在达到一定的温度时进行急速冷却。这样一来，钢的质地会更硬，更锋利。

淬火处理时有时候可能会根据做法不同而出现皲裂。大体上淬火处理时，热烧的温度在八百度左右，拿出来后使它急速冷却。但是我们制作的源次锄是用常温，也就是在一般水温而不是冷水中进行冷却的。由于钢质的不同，从冷却时的温度以及急速冷却时的速度，可以看出淬火处理得是否得当。淬火处理时用的是专用炉。要把做好的物件放进淬火炉，烧到所规定的温度。同时，根据物件的种类不同淬火处理的方式也是多种多样的。

用铅液进行淬火处理

过去，在制作"唐锄"（中国式的锄）的时候，通常是采用烧柴油或者木炭来进行淬火处理的。为了让物件能均匀受热，我用的是铅液箱。就是把铅先熔化，然后使它的温度上升到做淬火处理时的温度，铅就熔化得像泥一样了，这时候把物

　　　　　　　　　　　　留住手艺

件放进去，它的受热就很均匀了。在进行冷却时，唐锄不用水而是用油。冷却得太急速，物件会变脆，为了给它增加弹力，用油是最合适的。有人会担心这样一来油会不会燃烧起来，这里用的油是不易燃烧的油，所以，即便是把八百度高温的物件放进去它也不会燃烧。经过油冷却后取出物件，用砂子进行最后的打磨就算完活了。淬火处理的时间呀、温度呀，这些在过去也全是凭感觉来判断的，现在自然是用不着了。因为现在用的都是成套的装置，每一道程序都是在可控制的情况下进行的，出来的东西也都差不多，特别是自从有了水温计以后就更方便了。

一般情况下的淬火处理都是用水来进行的，如果想让物件柔软、有韧性一些的话就用温水或热水。也有用油的，像唐锄那样。

普通的水是用来做急速冷却的，也就是真正需要进行急冷的时候才用水。但是更多的情况还是用热水或者油来进行冷却，因为那样物件不会变得脆硬，而是硬中带柔，而且有弹力。

其实日本刀并不是用一整根钢材打制出来的，这些农具也是一样。一半是坚硬的钢，而另一半就是稍软一点的材料，这些物件都是这样组合而成的。

我这里所说的"软"呀、"硬"呀，你一下子可能反应不过来，要真正用一下就能有体会了，材料软的部位一旦碰到硬石块，有的能被碰得弯曲或缩掉一点。如果刀刃的部分很硬的话，是能把石块切碎的。那么，到底哪样好呢? 这要看物件是用来做什么用的了。太硬了以后，切碎石头是不成问题，但很容易把刃器的刃部打掉。所以，作为工具，我们都希望它应该是既能切碎石头，又不至于让刃部受损。日本刀就具有这样的特性，而"源次锄"也是本着以接近这种特性为宗旨进行设计打制的。当然，用源次锄也许切不碎石块，而"唐锄"在碰到石块之类的东西时还是有一定的强度的。

铁匠的学徒过程

知道我们铁匠是怎么学徒的吗? 干我们这一行的每一个人都各自有不同的经历，我能告诉你的也只是我个人的经历而已。我是那种最典型的子承父业，一切都是从给父亲做帮手开始的。

最初只是帮忙烧烧炭，摆弄摆弄火，我光弄火就弄了一年多。炭的大小分成三种，不同的活计就用大小不同的炭。所以我做的第一件事就是锯炭。不要以为锯炭是因为炭块的大小能决定温度的高低，完全不是那么回事。它是跟要烧制什么物件有关的。比如，是烧制很厚的东西，还是烧制像刀那样薄的东西，它们所要求的炭的长度是不同的。

我们用的炭大多是松炭、麻林炭和栗木炭。该用什么炭也是根据要烧制什么物件来决定的。我住的附近有专门烧炭的人。铁匠作坊里用的炭跟一般民家用来煮饭的炭没什么两样。

松炭、麻林炭和栗木炭在用法上是有选择的。松炭的质地比较软，很容易烧透、烧尽，但是温度上不去。麻林炭属坚硬类，其炭质的密度也很大，因此，燃烧起来温度会很高。

我学徒的第一步是把那些木炭锯成一定尺寸的长度。接下来，是学安装或者削磨已经打好的工具，这可是个力气活儿。那时候虽然也有砂轮机，但是，厚的物件可以在砂轮机上削磨，而像镰刀那样的物件就只好用手了。削磨的时候使用的工具是我们自己做的，像锉刀一样的东西，现在早已经不用了。

学徒再下来就是该学着怎么打制了。这也算是力气活儿吧。总之是一个熟悉怎样把物件打得平整的过程。也没有什么窍门，打多了，习惯了自然也就行了。要说掌握这个工艺需要多长时间，我那时才学了没多久，就开始改用半机械半手工的，再不用像我父亲他们那样全凭手上的感觉去判断打制得到位和不到位。所以我学徒的时间可以说并不是很长。

烧制陶器的人常说，一个烧窑师傅一看炉火的颜色就能知道炉内温度的时候，那他就可以说已经够格了，可以出徒了。而我们铁匠，是要会看铁在烧制时的颜色，我们也是从颜色来判断温度的。

现在，整个的制作过程差不多都是用机器来完成了。过去我们是用大锤咚咚咚咚地打制的。而现在，连刨磨物件表面都有了砂轮机，既省力又方便。

我们做的物件大多数还是以手农具为主。现在，就连农民都不靠手去从事农业了，所以我们制作的工具再好又能怎么样呢？没有人再用了。但手农具还没有完全消失，比如小面积的田间修整、耕作时，还会有手农具的用场。但人们更多的还是买那种用完就扔的一茬性的农具，因为它们很便宜。而像我们制作的农具，以我们那种复杂的制作方法，出来的东西肯定会比一般商店里卖的贵一些。特别是我们的品牌"源次锄"的价格就不算便宜。

曾经找人帮着推销过"源次锄"。那人一听价格马上说，"这可是全日本最贵的锄了"。

我们的"源次锄"一把卖九千日元（约合人民币六百元），一般的锄，如果从商店里买的话也要四五千日元。

手工制作的东西是受用一辈子的。这一点跟木匠一样。好的东西是能用一辈子的，当然也包括坏了修、修了用、再坏了再修这些情况。工具，用得越频繁磨损也就越厉害，出现了磨损就修补，都是这样反反复复的。即便是现在，还有人会拿着三十年前买的工具来找我修理呢。我们干打铁的就是这样。

把锄摆放在壁龛里？

打铁的作坊今后的命运会怎么样呢？只要农具还有需求，我们的作坊也就还会存在吧。但是，如果手农具真的没有需求了，我们就打些刀什么的。说不定哪一天会流行把锄摆饰在壁龛里呢（笑）。作坊减少的最主要原因，就是农业机械化的普及。刚开始的时候，先有了小型的农耕机，然后又有了拖拉机，就这样慢慢地出现了各式各样的农用机械。到我们作坊来的人就越来越少了。

现在我们打制的物件，在数量上，还不及父亲那个时代的十分之一。打铁作为一种职业当然是不能成立的了，而事实上也已经不成立了。所以，我们除了打铁以外，还要接一些像焊接铁架之类的跟铁有关的活计来弥补生计。翻开电话向导手册，在职业分类栏中已经找不到"打铁作坊"这一项了，它们都被"铁工所"代替了。我们作坊的名称虽然没有改为"铁工所"，但也变成"锻工所"了。"锻工所"的意思是想告诉人们我们是打铁的作坊。但是，打铁的前景真的很不乐观。也曾想过干脆放弃算了，但又真是舍不得也不甘心。就

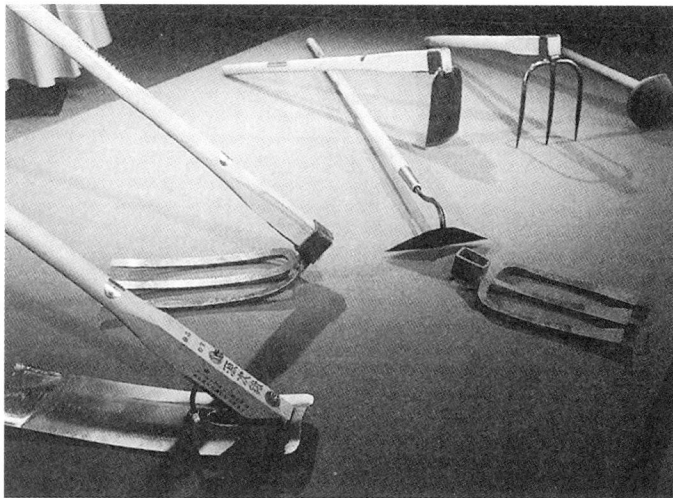

高木的锻工所制造的农具

这么将就着吧。想想今后是不是还有可能会好起来，其实答案也是否定的。

　　手农具是在没有机械化的情况下才有需要的东西。这么一想，我倒是曾经想过到孟加拉国去，在那儿的打铁作坊里指导他们打铁，也算发挥余热了。但是，打听了一下才知道，原来在孟加拉，农具的制作规模是很小的。在那儿，更多的也就是铁匠拿着工具四处游走给人家修修旧农具什么的，作坊规模制作的情况少得近乎没有。这大概是因为农民没钱买农具吧，但听说他们的确没有好的农具。我是为了不让日本的打铁技术失传，才想到了去孟加拉延续。只要他们能使用我打制的工具，这个工艺不是一样能保住吗？但是，那里的人们是绝对接受不了这个价格的。所以，出口也是不现实的事。

前景越想越感到悲哀。打铁的作坊会完全消失的。我知道日本正朝着这个方向走。但我还是坚持边干农业边打铁，就这样一直干下去。

（1993 年 8 月 29 日访谈）

伍　百年作坊的最后传人

鱼钩手艺人　满山泰弘

（1947年9月13日生）

导　语

　　满山泰弘的作坊坐落在长崎县对马市严原镇的久田适。从福冈乘飞机在对马机场下来以后，再坐车到严原镇，穿过镇子的中心地带，沿坡路一直往上走，不远便可以看到路边立着的"创业于庆应元年（1865年）满山钓具制造所由此向前五十米"的牌子。按照牌子上的方向所示走上一条很窄的小路，又一块"对州名产钢铁鱼钩"的牌子就在眼前了。这是一块用槭木做的看上去很有年头的牌子。挂着牌子的建筑物就是满山的作坊兼住宅。他的家地处能把严原港尽收眼底的丘陵中腹地段。

　　住宅的左边是他那盖成平房的作坊，有一间打铁用的土地面的房子和一间铺着木地板的用来加工鱼钩的屋子，两间屋子用玻璃拉门隔开。打铁的那间放着风箱、铁砧、油罐和盛满水的水槽。面向火炉，地面上有一块是低陷下去的，上边架着一块木板，干活儿的人可以坐在那里一边观察炉子的情况一边操作，左手还可以拉风箱。因为做的是鱼钩，所以这间打铁的屋子里所有的工具、道具都是小号的，往炉子里进风用的风箱还是第一代人用过的，上边贴着"免除火灾"的护符。

　　打铁屋旁边的那间用来加工的作坊有五平方米左右大，地上铺着木地板，屋子中央是一块一米七长、用槭木做的厚厚的工作台。地上摆放着的垫子是给干活儿的人准备的，从地面到工作台的高度是三十六厘米。工作台的两侧分别安放着两个研磨机，也就是说可以四个人同时工作。当年，这里也曾是满山的祖父、父亲以及徒弟们干活儿的地方，但是现在，只剩下满山泰弘一个人坐在作坊主的位置上干活了。作坊主坐在靠里侧正中央的一席位置。他的右边是一台工作机和工具箱。抽屉里放着窝弯儿用的各种模子、剪子、订货单和作为样品的各类鱼钩，所有的东西都是在伸手可及的范围内，这样布置的用心是为了不必停下手里的活计就能够着那些工具。右边有一扇窗户，正面对着的是通向打铁房间的玻璃拉门，从窗户照射进来的日光是柔和的。满山独自一人坐在那个位置上干活儿。工作台的桌面上放着小铁锤和铁砧，台子的下边有一个盆是用来接锉刀锉下来的金属灰屑的。

制作鱼钩一共有十二道工序。其中的锉、窝弯和整形这三道工艺都是在作坊里完成的。作坊的窗户在安装的时候就充分考虑了采光效果，有太阳的时候会很明亮，这是因为窝弯儿和整形这两道工艺尤其需要借着太阳的光线来调整，要做出那弯曲处微妙的变化和钩尖的形状都离不开好看的斜射光线。过去，这里老一辈的作坊主都是坐在现在满山坐的位子上，把其他的手艺人和徒弟们做好的鱼钩举过头顶，在斜射进来的阳光中检查、修改。

满山的作坊不大，但收拾得很整齐，看上去用起来也很方便，是一间干净漂亮的作坊。

满山泰弘口述

我们的作坊推算起来是从江户时代（1600～1868年），也就是庆应元年（1865年）就开始做鱼钩了，到我这第四代已经整一百五十年了。现在，在全日本，整个工艺流程完全都是手工制作鱼钩的只有我这一家了，我们已经被政府指定为"长崎县传统工艺"和"无形文化财产"（非物质文化遗产），听说正在申请"国家级文化财产"。

　　我虽然是属于子承父业，但是因为父亲去世比较早，所以，从他那儿学技或者说跟他一起工作的时间并不长。其实这种活计靠谁来教的成分并不多，而更多的是靠自己去看、去记。其他的手艺人不也都是这样？我开始继承父业是在二十六岁那年，父亲是在我刚继承了他的作坊没多久就去世了。说实话，那时候我还没真正掌握这门手艺。所以，就跟渔师们打好招呼，如果是因为用了"满山钩"而出了什么故障请一定毫不留情地反馈给我，我是想通过使用它的人的告诫来学习和改进的。所以，就在每一盒钩里都放进去一张写着"如果出了问题，请一定通告我们"的纸条。那段时期，也就是父亲去世、我接班以后，几乎六年的时间里鱼钩都出现过各式各样的问题。但是现在，不能说百分之百吧，基本上没有问题了。这个差别究竟在哪儿？我想还是因为随着做的年头越多手艺也就越见长吧。即使是现在，比如，拿今年做的跟去年做的比还是觉得不一样，那明年再跟今年比肯定又不一样了。到底哪儿不一样，连用的人都说有差别。

我的作坊所在的严原镇，也就是从福冈乘渡轮来的时候靠岸的地方，是整个岛上最大的镇。我的作坊是在一座小山的半山腰上，正好能看见大海。我经常是边看着大海边做活儿的，因此，对大海情有独钟。有时候还会借工作之余到大海里去，或者潜海，或者出船去钓鱼。钓鱼的目的当然也是想尝试一下自己的鱼钩力量如何。

一百五十年保持同一形状

想购买我的鱼钩的人要先给我下订货单，我是按订单的先后顺序一个一个地做，订单是来自全国各地的。来一百个订单就做一百个，来五百就做五百，完全是按订单的数量。

除了极特殊的对形状有特别要求以外，我们的鱼钩一百五十年都保持着同一形状。这是因为，这种钩到了鱼师手里还要经过一道加工，他们会在鱼钩的上边铸入铅，这是壹岐地区一种独特的捕钓方法。铅要铸到中间的部位，这就要求钩不能有丝毫的偏差，一根一根都要符合他们的要求，包括长度。做好的鱼钩还要放在玻璃上一个个地摆平，检查它们当中是否有不平的。前边有个挂鱼饵的部位，挂的就是那种用蓝色的橡胶剪成的秋刀鱼形状的假鱼饵。因此，从形状大小到拐弯处的口开得宽与窄，每一个订货人的要求都不一样。

　　过去，通讯工具不发达的年代里，渔师们需要亲自到我这里来说明他们想要的钩型，现在都是通过电话或者直接写在订货单上发传真就可以沟通了。只有长崎县壹岐藤本地区的渔民，直到现在每次还会寄他们所希望的"样品"来，其实就是他们保留至今的我父亲做的钩。我手里拿着的这个是钓狮鱼的钩，这个是钓加吉鱼跟平政鱼（一种只产于日本海的鱼）的。

　　我非常庆幸渔师们很钟情"满山钩"。他们说：除了"满山钩"，别的都不能用，这让我很骄傲。我想他们之所以钟爱"满山钩"，或许是因为喜欢这种钩的弯曲角度和犹如月牙般的饵挂吧。钓鱼的人都知道，鱼钩的好坏就看最前边的像箭头一样的这个饵挂部位，它必须让钓上的鱼脱不了钩。

这尖尖的像箭头一样的部位，根据地区的不同名称也不一样，所以，接听订货电话的时候很不方便，总要追问好几次才能确认好。因为做出来的东西如果跟人家想要的不一样就麻烦了。前些时候就有过一回发错货的事。我听对方说是要钓加吉鱼用的那种"铸了重的鱼钩"，于是就寄了去，可后来对方又把东西寄回来了，说要的不是这个，而是钓加吉鱼的十八号钩（因为日语中铸重鱼钩和十八的发音都是 tenba）。没办法只好又重新做了一套寄给他。

订货的数量每次也都是不一样的，通常是几个渔民凑在一起订，数量有的成百有的上千，这些订货的客户当中职业渔师占六成，业余钓鱼爱好者占四成。最近，业余爱好者明显地在增加，这要归功于媒体的宣传，因为，电视和杂志上介绍钓鱼的内容太多了。

一个钩卖二百五十日元

鱼钩现在基本上都是以机器化批量生产为主的，像我这样手工制作的几乎没有了。我并不是否认机器化生产，但批量生产出来的东西里边出现不良品是很常见的，手工制作其实就是为了尽量不出或减少不良品。当然，猴子也有从树上掉下来的时候，我也不能保证自己做的钩百分之百地不出问题，只能是力争避免。

如果用批量生产的五六十日元一个的钩去钓加吉鱼，因为没有钩住而跑掉了，那就不如用我的二百五十日元一个的钩，保你能钩得牢牢的。加吉鱼在新年前（在日本，加吉鱼是吉祥的象征，所以在新年或婚礼的宴席上都要吃）要卖到每公斤四五千日元左右，所以，这样算起来二百五十元的鱼钩就不算贵了。这种钓加吉鱼的钩也正好卖二百五十元。批量生产出来的一般都是十个或二十个一袋，卖六百到七百日元，那么，平均一个也就是六七十日元。我的钩跟它比虽然要贵四五倍，但是我想那些来订货的客户一定认为有价值才会找我吧。正因为如此我那里的订货至今都没有中断过。

做这个是非常需要耐力的。

我通常是一个人跪坐在窗户旁边做鱼钩，一坐就是一天。做鱼钩必须要跪着坐，因为窝一边的时候只往那一边上用劲儿，而不是两边同时用劲儿的，别管多小的钩都一样。我做的鱼钩小的有十二、十三号的，大的有能钓马哈鱼的。

鱼钩的全长是用"寸"来计算的，所谓十二、十三号就是把它拉直时的长度，所以这个号也叫"寸号"。比如：一寸五分就叫"寸五"，一寸三分就叫"寸三"。那么，十三号就是一寸三分长的。

如果是用样品来订货的，那就要完全合着订货人的样品来制作了。

总听人说我将是这一行最后的手艺人。过去好多地方都曾有过制作鱼钩的工艺，现在都已经绝迹了。

被说成是"最后的一人"已经有几十年了，我父亲在世的时候就已经是最后一个了。

我的订货倒是络绎不绝的。可这活计真不是赚钱的买卖。在我的记忆中，从没有过自己亲自去争订货的时候。点头哈腰地说"请您买我们的鱼钩"的时候也是没有的。相反，买的人会恭敬地说："请帮我做鱼钩吧。"当然这样也很不舒服。

我每天的工作差不多是从早上八点半开始，一直到傍晚五点左右。说是坐一整天，其实两个小时就得起来活动活动坐麻了的腿。要做完一百个鱼钩的十二道工艺，得花两天到

　　　　　　　　留住手艺

两天半的时间。变成钱也不过二万五千日元而已，所以说它是不赚钱的行当。我想也正因为如此，其他的人才纷纷不干了。但是，我还在坚持，

干这个，精神要特别集中，神经要特别紧张，所以，你看我的头发全都白了。

本来，我也并不是非得继承父业不可，但是，因为父亲有这个愿望，所以我也就只好从命了。现在，我倒觉得这个家传继承对了，不然，当初我是想去当海员的。

一旦决定要继承就不能半途而废，非得一直做下去才行。学徒是从上高中时开始的，那时候还只是偶尔做一做，干这个不是说想做就能做好的，必须自己亲自去看，去实践，因为家业就是干这个的，所以，可以说我就是在祖辈、父辈们干活儿的环境当中成长起来的，对它早已耳濡目染。

两天半，十二道工艺

我们这种"满山钩"，做钩用的材料是钢丝，要把它们先放在桶里蒸烧上一个晚上，然后，按一定的尺寸剪断，剪的

时候要剪出一个钩两倍的长度，以便于进行下面的操作，如果太短的话，放在火里烧和用锤子敲打起来都不方便。把两头都在火里烧过了以后，再放回桶里蒸烧三个小时，不这样的话，会因为材料太硬而不好上挫和窝弯儿。放在火里烧是为了要把一头儿打出尖儿，而另一头儿打出一个用来连接鱼线的平片儿。这些都是要一个一个地用钢锤来打的。我们用的钢锤是一种斜面的，与一般的锤略有不同。锤把儿的位置也不在正中央，而是偏后一些。

　　我烧火时用的风箱至今还是祖上第一代传下来的，一百五十年前的东西。钢锤的年代跟它一样，是用可以做刀的那种硬钢铸造的。用钢锤敲打出钩尖的部分，然后，还要在火上蒸烧一个晚上，仅这道工艺就需要一天的时间。

　　经过一个晚上的蒸烧，第二天就可以用锉来锉钩尖了，从这道工艺开始往下的工艺都是在另一间用来加工的房间里进行的。挫是三角挫，还有刃挫，包括钢锤，这些都是很特殊的工具，跟一般的这类工具是不同的。钩尖，就是头儿上我们叫做"小月牙"的那个用来钩住鱼的部位，很不可思议的是它的形状越是接近月牙，在钓住加吉鱼的时候它的作用

锉鱼钩的时候要正襟危坐

力就越大。钩尖的部位是在经过敲打之后再加工出来的。所有这些工作我都是跪坐着进行的，长年下来，我的跪功还是蛮厉害的，去参加个遗体告别仪式什么的需要长时间跪坐的时候从不犯怵。

尖儿挫磨好了以后，就该窝弯儿了，这窝弯儿的工艺看起来不难，其实并不简单，要保证用力均匀，还要边对照边矫正。另外，钩的形状也是根据粗细程度来定的，同时需要根据粗细随时调整用于模子的夹子的大小。

形状固定好了以后，为使材料更加坚硬，更有韧性，把他们十五、二十个的用铁丝捆在一起还要再来一次淬火处理，这样它们就不会轻易地折了，窝成的弯儿也不会轻易开了。所以，淬火这道工序还是相当重要的，如果淬火处理得不好，即使形状窝得再好也会出问题。淬火处理时不能用很硬的炭，要柔软一些的，柔软的炭才会使火苗很旺，火旺了才会把材料烧红，我没测量过温度到底多高，九百度是有的吧，我是习惯于看火苗的旺势来判断温度的。调节火势的时候就用风箱。

淬火处理后先把它们放进山茶花的油里，再放进水里冷却。这水得用"寒水"（冬天时储存下的雪水）才不会腐烂。经过

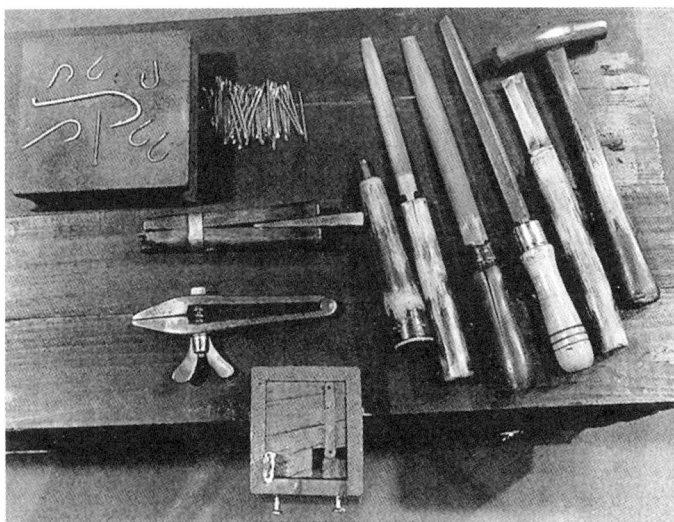

这是全日本最后的一个鱼钩手艺人的工具

这道工序处理后的钩如果用钢锤凿还有可能被凿断，所以，要再进行一次回炉烧炼，才会让它更具韧性，不易折也不易直。"满山钩"独具的特点就是这个"韧"和"硬"。

东西最后完成得好坏，要看在回炉时粘在钩上的山茶花油烧干的情形如何，这就要凭经验了。

最后是往钩上镀金，盐酸中不加入亚铅是镀不上去的。

先把钩放进调好的盐酸和亚铅的液体中，再放入溶解了的锡液里，合适了以后取出来在石板上敲打敲打，这是为了把在鱼钩最前端挂钩处多余的锡敲打掉。镀完了锡就算完成了全过程了。

我现在算不算是一个够格的手艺人我自己不好说，但是，毕竟继承父业至今也已经二十一二年了，我今年正好四十八岁嘛。祖父干这个那会儿，订单真多，那时，他们把订单都贴在一个本子上，那本子到现在还留着呢，我自信自己做的钩跟祖父的钩、父亲的钩已经很接近了，尤其是挂钩的部位。

母亲也曾帮着镀过锡什么的，过去，本来还有四五个人是一起做的，但他们都没能坚持到底，可见这个活有多"不容易"吧。

从前市面上曾经出现过假冒的"满山钩"，其实是在工厂里生产的，打上了我们的招牌。是买到手的客人向我们提出了不满，说用起来不是折就是变形。买的人以为是我们的钩，而事实上卖的人写在上面的牌名并没有用汉字的"满山钩"，而是用了同样发音的字母"mitsuyama"（满山），当时，我们可真没少受埋怨。

我们的钩从不往鱼具店批发，只接受客户的直接订货，

　　　　　　　　　　　　留住手艺

不过，新潟县的佐渡岛上有家店是我们提供的，因为跟他们已经有一百多年的交情了。

我儿子今年二十二岁，说是二十五岁以后要继承我的手艺。现在他在游艇的停靠港做事。他自己似乎也意识到了这个手艺的重要性，现在，也已经慢慢地学着做了，看样学样，久而自通，不是靠教出来的。代代都是这么过来的。我想他决定继承这个是横下了心的，就像我当初，好像很自然地就进到这个行当里来了。

现在，我已经感到了肩上的重担不轻，作为传统工艺的最后传人，责任真的很重。

（1995 年 2 月 26 日访谈）

陆　坚守古代的纺织工艺

葛布工艺师　川出茂市

（1922年8月11日生）

导　语

　　山野的深处生长着一种叫"藤蔓"的植物，从它的茎上能抽取下来丝，用这种丝织布，就叫"葛布"。不要以为它仅仅是很平凡的丛生植物，它的丝可是洁白剔透、光泽熠熠的。

　　在很久以前的日本，人们就已经开始利用采集到的植物的丝来织布了。现在，人们管这样的纺织品叫"古代织锦"，日常生活中有的依然在用。

　　静冈县挂川市的"葛布"就是这些"古代织锦"中的一种。过去这个地区曾经有过很多的"葛布作坊"，而现在只剩下四家了。他们织的坐垫套、手提包、门帘、墙纸和帽子都是日常生活中用得着的东西，当然也有些历史悠久的东西，比如上下身分开的礼服、古代玩踢球的游戏时穿的裤裙等传统的服装也在做。

　　　　　　　　　　　　　　　　　　　　　　　留住手艺

看着他们把一根根细细的丝线放在手织机上，再慢慢地织出布来，这个繁琐的过程简直让人不可思议。这种"古代织锦"虽说是采草木的丝来进行纺织的，但是谁知道在它的背后还有着那么多繁杂的工序呢？

一根藤蔓从山上采回来以后，要经过煮、剥离纤维、发酵、江水洗涤、干燥这一系列的工序以后，才轮到可以拉丝。拉了丝，还要把它们一根根地系在一起，结扣儿的地方要处理得很细，不能影响织出来的布的美观，这些都是需要靠人的手工来完成的，同时也是很需要时间的。

又因为它们都是来自大自然中的材料，所以存在着季节性的问题。这是只有在那一段特定的时期内才能生产出来的东西，因为大自然只在那个时期才提供原料，这跟工厂里任何时候都能制造出同样的商品是截然不同的。

那些以自然为伙伴从事劳作的人都有一本"自然日历"，他们会合着大自然的变化来安排自己工作的日程，有意思的是，这样的活计有年轻人能做的，也有上了年纪、身体不再硬朗了的人能做的。总之，干这个，哪个年岁、哪个阶段都能找到适合自己的工作。

川出茂市是葛布作坊"川出幸吉商店"的第四代传人。他的商店兼作坊就在挂川市内，他以织布为主，丝线是靠左邻右舍的农家人给提供。

川出茂市口述

我是"川出幸吉商店"的第四代传人。我织了一辈子的"葛布"。我们的工作就是从山里采回植物的藤蔓，然后抽取它们的丝来织成布。现在，我们挂川市里有四家织"葛布"的，可是，只织"葛布"，其他的什么都不织的仅我一家，其他家有的也织麻或别的材料。"葛布织"这种工艺只有我们挂川有，别的地区都没有。五年前，岛根县温泉津镇曾经有人说他们那里在过去也曾采过藤蔓，于是到我这里来学习了纺织技术，也就是说岛根县从五年前开始有了这个工艺。

抽取藤蔓上的纤维这一工序，我是请离挂川八里地远的山坳小村——仓真村松叶地区的老婆婆们帮忙做的。挂川市位于静冈跟滨松之间，从挂川往北一里的深处就是仓真村和樱木村，藤蔓都是在那里采集的。我们委托的人在樱木村有六人，仓真村有六人，合起来十二个人。

我用的藤蔓就是很普通的那种，跟野生在堤坝和空地上的那种是一样的。藤蔓一般有两种，一种是缠绕在树上的，一种则是爬着延伸在地面上的。这两种中用得最多的还是爬在地面上的那种，因为它会从很多的"关节"处长出新芽，并延伸得很长很直。而缠绕在树上的那种总是扭扭曲曲的形状不够好，拉的丝也不会很直，这种丝是不能用来织布的。

为织布而采的藤蔓一般是小孩子的小手指那么粗，六七米长的。这样的藤蔓从每年的 6 月到 10 月都可以采集到，而且都是当年的新芽长成的，尤其在盛夏更是最好的采集季节。把爬在地皮上的藤蔓割下来，这个工作看上去并不是很难，可是，要采五十公斤的藤蔓才能出一公斤的丝线，五十分之一的比例。而且这抽丝拉线的过程完全是靠手工进行的，很费事的。

采回来的藤蔓先要在大锅里煮一下，然后把它们都铺在一个长宽各一米、深三十厘米的正方形洞穴里进行自然发酵，让它们的表皮腐烂，之后，拿到江里去洗，同时抽出藤蔓中间的芯，接下来就可以拉它们的丝了。

用葛布做游戏时穿的裤裙

藤蔓这种纤维的特点就是既结实又轻便，而且还有像绢那样的光泽，所以，从古代开始人们就用它来做礼服了。

你见过古代有一种玩踢球游戏时穿的裤裙吗？现在，京都还有人来找我们定做呢。今年已经有八匹布的订货了，正在加紧织呢。从前，那种踢球的游戏在宫廷里很盛行，据说早在几千年前用的就是挂川的葛布了，因为葛布可以用水洗，还可以反复穿。

最早，是挂川附近的主妇、婆婆们觉得这种葛布很结实，就用它来做干农活儿时穿的衣服，后来慢慢地越做越细，种类也越来越多起来了。到了镰仓时期（1185～1333 年），骑马时穿的裤裙也是用它做的，江户时期（1600～1867 年）更用它来做礼服和各种各样的裤裙，甚至还用它做蓑衣。

现在，像裤裙这样的传统衣服很少了，因为需求量不多。

但是，从明治三年（1871年）开始这里的人们就尝试着用藤蔓的丝来织屏风上的布了。

我们家的第一代其实是靠做和服的布料起家的，他们织出的用做墙纸的料子曾在东京的博览会上展出过，获得了极大的好评，甚至连美国和欧洲也纷纷开始把葛布用来当墙纸。那个时期，我们挂川地区每年都要出口上万匹的葛布。但遗憾的是，后来韩国出现了比我们便宜的葛布，当然，我们这种纯手工的工艺被劳动力廉价的地区抢了上风也是可以理解的。这么一来，我们那儿原本四十几户的葛布作坊最后就只剩下四户了。

韩国本身就是个出藤蔓的地方。从明治二十八年（1896年）开始，我们那里的人们就已经把韩国出的藤蔓跟挂川的藤蔓混在一起用了。李承晚政权被朴政权取代了以后，韩国的出口一下子紧缩了，进到日本来的韩国藤蔓少了，材料的不足也是导致作坊关张的原因之一。

藤蔓应该算是日本的特产吧。除了取它的纤维以外，从前修建堤坝的时候，为了不让铺在堤坝上的土掉下来，都是用这种藤蔓来做护围的。昭和二十五年（1950年），还曾经从我们那里往美国运送过几百公斤藤蔓的种子，现在，就连华盛顿的白宫附近都爬满了藤蔓，可是，美国人把藤蔓叫做"猪草"，他们好像不太喜欢这种植物。

上次我去美国的时候看到高速公路两旁的高墙上长满了藤蔓，美国人在那儿"猪草"、"猪草"地骂骂咧咧。

用野生的藤蔓做丝线

我们去采藤蔓的地点樱木村。那里的藤蔓质量好，是因为有一条江，江水很干净，所以藤蔓就长得好。还因为它们是长在坡度很小、面积很广的茶园的田埂边上，广阔的面积很利于藤蔓的爬伸和成长。只有在这样的地方才能采到天然的藤蔓，而且还是那种爬在地皮上自由延伸着成长的。一根足有七米长，你只需要找到它们的根，然后尽管往回拉就是了。到了8月以后，藤蔓会开花，所以，取它们的纤维只有在6、7、8三个月新芽成长的时节最好，新芽的长势是很旺盛的，它们一天能长四十厘米的长度。采下来好的藤蔓，把它们捆在一起，放进大锅里煮十五到二十分钟。现在，我都是请七八十岁的老婆婆们帮忙做这个。煮过以后拿到江水中去漂洗和冷却，这个环节必须得是江水才行，因为，从这儿往下的每一道工序都离不开江。用江水冷却了以后，就把它们放进长宽都是一米、深三十厘米的正方形窖坑里，要先在坑的最底下铺上满满的一层草，一定不能铺艾蒿或蒲公英那类的草，那些是容易染上颜色的草。要铺芒草或茅草。铺好草以后，再把藤蔓放上，然后再铺上满满的草，慢慢地让它发酵。

凉爽的天气下，发酵需要三十二个小时左右，表皮腐烂得像烂泥一样了以后再拿到江里去洗，把已经变成烂泥的表皮洗掉，底下就是洁白色的藤蔓纤维了，中间的芯也要在这个时候抽掉，只有在湿润的状态下芯才好抽。

用来做纤维的部分正好是表皮和芯之间的那层薄薄的皮，也叫"韧皮"。抽掉的芯其实还可以编笼筐之类的东西，藤蔓全身都可以被利用，根部还能出淀粉呢。

五十公斤藤蔓中才提取一公斤纤维

我家织葛布的第一代开始于江户时期，那时候，日本全国有很多地方是做这个工艺的，比如：枥木县的茂木、岩手县、茨城县水户附近的大田，真是不少。但是现在就只剩下我们挂川一地了。

因为这种工艺是在夏季进行的，所以，在水里进进出出的很舒服。这个东西很不出量，五十公斤的藤蔓也就提取到一公斤的纤维，五十分之一的比例。而且仅仅靠用江水洗来洗去的，任何多余的药物都不用，是非常环保的材料。

藤蔓的丝很长，一般六米长的藤蔓就能取下六米长的丝，把它们晒干后就是织葛布的材料了。

婆婆们一星期里头要来通知我一次说：昨天已经煮好了，过两三天就可以抽丝了。这边的婆婆们抽好了丝就拿给那边的婆婆们去接线。这一系列的工作都是靠手工完成的。拉丝的时候是用手指一根一根地往下拉，但是如果是做我刚说过的那种裤裙的话，丝要拉得特别细，那就把十几根针绑在一起，先在藤蔓的纤维上拉出痕迹，然后再拉，这样拉出来的

留住手艺

从野生的葛草身上抽出的丝。为了保护它独特的光泽，这些丝线不需要捻

丝就很细了，这种方法叫"针戳法"。

丝线的价格是一公斤一万五千日元。别小看那些老婆婆，她们一个夏天挣一百万元是很轻松的事。其实这种活儿只要想干谁都能干，我们家有个上小学五年级的孙子，他们在学校的社会课里就学过怎么采藤蔓。有的女孩子会在上学的时候开始对藤蔓产生兴趣，长大以后念了大学还自己练习织布，用自己织的布做和服穿。这样的例子在我们那儿很多。

但是，采藤蔓可不是件容易的事，采一点儿的话也许还不觉得，一下子要采五十公斤的话，你想想看，那可是个力气活儿，而且又是到深山里边去采。一般的家庭主妇是很难做得到的，只有那些常年生活在深山里经常走山路的老婆婆，才会习惯这种劳作。

在结实这一点上藤蔓的纤维跟麻差不多，只是藤蔓比麻更有光泽，而且更轻，轻得几乎感觉不到重量。

拉丝的活儿也都是那些老婆婆来做的，从这些老婆婆手里出来的丝也都不一样，有的细一些，有的粗一些。不过，倒也无妨，想织粗布的时候就用稍粗一些的丝，而织细布的时候就用稍细一些的。丝线的打结方法是我们挂川地区特有的，叫做"葛布结"，跟一般在织机上的打结法是不同的。

上机织丝

打好了结的丝线，绕在一块木头上，呈"8"字型，绕满了木块就是一缕线。

织的时候要把线弄湿，线头穿过梭子就可以开始织了。织的过程中要让线头的结全部朝下。梭子也是我们挂川独有

在织机上织出葛布的川出

的。一般织的时候要将线缠在织机的卷筒上，而我们那里不绕卷筒，只是让线穿过就可以了，然后再穿过梭子旁的小孔，就可以一直往下织了。

丝线浸湿以后轻轻地拧一下就上机，而且最好是一气呵成，否则，丝线一干就又变硬了。这样一个线团能织四十厘米长、三十厘米宽的一段。这种梭子在我们挂川地区叫"杼"。有些用来织葛布的织机下边都带有一组滑轨，从前，织屏风用的料子，布面都是很宽的，所以要利用滑轨来穿梭子。现在不用织那么宽的布了，这种带滑轨的织布机也就少多了。

丝线用的是麻或混纺丝线，像和服的带子织出来就很结实，过去用的比较多的是木棉、麻和绢等。经纬线都用藤蔓纤维来织的也有，只不过织出来的布不很细腻。

"葛布"在织法上与其他材料不同的是，它的丝线不需要捻。因为，它那如同绢一样的光泽一经捻就会被捻没了。用"葛布"做的屏风面会闪闪发亮，甚至能使整个房间因为有了它而变得明亮很多。

最近"挂川城楼"又重新整修了，那里边有个"天守阁"，里边装饰着我和我母亲合作制作的一幅屏风。因为幅面很宽，所以需要两人并排在一起织才行。那方飞梭这方就要接住，如果不能步调一致是干不了这个的。

这架织机是我们挂川的五年级学生在学校里用的，所以比较矮，但是功能一点儿都不差。这是我为了让学校的孩子们懂点自己的本土文化而特地定做的。

近来，"葛布"也有染颜色的了。和服的带子呀钱包什么的，都能用化学染料上色，也用从自然中提炼的染料，"葛布"上色很快，而且，染了色也还不失光泽。

现在我们织的东西中壁挂最多。价格也越来越便宜，像钱

　　　　　　　　　　　留住手艺

包才卖一千五百日元（约合人民币一百元），不过还是稍有赚头的。

织坐垫的套所用的丝线是麻或化纤混纺，非常结实，可以用一两代人呢，清洗也没有问题。因为本来就是在湿的状态下织的，所以耐水性也很强，而且，这种材料还不容易脏。除了这些东西以外，我们还做草编鞋和帽子。帽子只在夏天的时候做，做出来以后很快就卖光，订货多得不得了。这种帽子很轻很轻，而且把它们团成一团放进口袋里，等再拿出来立刻就能恢复原样。

持续到下两代的接班人

我的儿子作为第五代继承人现在也在织"葛布"。另外，两个孙子，老大似乎对这个没什么兴趣，倒是老二表示要继承这个，我也打算开发一下他的能力，所以，有幸的是我那里倒没出现断后的问题。

其实如果做得好，这手艺倒也是个能赚钱的行当。只是不能太贪，欲望一大就容易失败。靠一点点的累积保证吃饱饭应该是没有问题的。因此，我们家的东西标价都比较低，为了让更多的人能买得起，我卖的和服腰带一般是八万五千日元（约合人民币五千七百元），而通常大百货商店里和服的腰带都卖到二三十万日元左右呢，所以相比之下我们的还是很便宜的。

不久前在山形县举办的"古代纺织工艺展卖会"上，我们的东西卖价最低，便宜得连我们自己都觉得不好意思，其他作坊卖的价都很高，我当时就想，卖那么高会有人买吗？

最近我们正在京都的高岛屋百货店举办"日本传统展"，在那儿，我也会表演给前来参观的客人们看。

以前，抽丝的活儿都是七老八十的老婆婆们干的，现在六十岁上下的"年轻"婆婆也开始多起来了。说明还是有人对这种工艺感兴趣。

传统的产业就是这样，年纪轻的人是不愿意干的，在我们那儿，还有九十几岁的老婆婆在干接线头儿那样的活儿呢。她们大多已经不能再继续下地干农活儿了，但是又不愿意闲呆着，就找些像接线头儿的活儿来做，有时她们还会找上门来跟我们要活儿呢。

真应该感谢二宫金次郎先生（江户时期的农业经济学家，主张

"积小成大""积少成多"的理念），正是他的教诲影响了我们整个挂川地区，让那里的人们觉得劳动不是件痛苦的事。

今后我们还是坚持不卖高价，为此，我们也在做各种研究。

机器跟手工到底有什么区别？机器毕竟不能完成粗丝细丝搭配的工艺，并且，上机织的时候，如果没有统一的强度会很容易断，尤其在穿梭的时候。而手工在这点上就不同，手能使丝线缓慢地穿过。

今后我们还想用细丝线试着做夏天穿的西装。可是，打了线结的地方总是会麻麻扎扎的，我们也在考虑是否在机器上解决这个接线头儿的问题，总之有待研究的问题还很多。

（1995 年 10 月 7 日访谈）

芭蕉树的丝织出美丽的衣裳

纺织工艺师 石垣昭子

（1938 年 10 月 1 日生）

导　语

　　西表岛在日本的南端，是一个亚热带气候的岛屿。岛上百分之九十的面积被密林所覆盖。仲间河、浦内河附近是长满美洲红树的原生态林。居住在岛上的人们在这样的大自然中营造着极为传统的生活方式。石垣岛上的祖纳村至今还保留着从前的生活模式。岛上的生活是合着传统的祭日庙会和季节的变化而运转的。岛民们坚守的这种生活，是来岛上短暂观光的过路客很难看到的。人们在祭日庙会和重要的场合上穿戴的芭蕉布、麻布一直流传到今天。

　　石垣昭子在西表岛有自己的染织作坊。那里的女人自己栽培线芭蕉，取其丝，染色，然后用传统的手法进行纺织。

　　我是在6月初的一天去参观她的作坊的。那时，日本的

　　　　　　　　　　　　留住手艺

大部分地区还在梅雨期的正当中，而西表已经进入了盛夏。正是收割稻子的时候，这是一个只需穿一件短袖衫，靠电风扇把风带来的炎热的季节。

到了石垣岛先打了个电话给她，她告诉我作坊的周围是用线芭蕉做的篱笆围着的，会很好找。她当然不知道我从来就没见过线芭蕉长什么模样。当我找到四周丛生着很多不太高的香蕉树的地方，我断定大概就在这里了。那些"香蕉树"上已经有几串小小的香蕉挂在上边，而我却不知道那正是她说的线芭蕉。

从路口一直走到里边才是石垣的作坊。枝繁叶茂的大树遮盖出一方避日的凉爽空间，悬床悠闲地吊挂在树下，通风良好的作坊里摆放着几台织布机，一个年轻的姑娘正在穿丝走线。

石垣给我看了放在筐子里的纤细的丝线。织机上那刚织了一半、透着凉爽的芭蕉布让我感到新奇。但是，等她带我看了作坊后面的芭蕉园以后，我就愈加吃惊不已了。

原来，来时看到的那些"香蕉"竟全都是一种叫线芭蕉的植物。房子的周围，包括整个田间满满地栽的也都是线芭蕉。

除此之外院子里还种着苦麻、桑树什么的。听说，她们还自己采绢丝和芒麻丝，尝试着把它们织入芭蕉布中。石垣砍倒了一株线芭蕉来拉丝给我看，然后又将拉下的丝一根根地结织起来，经过了在我看来复杂而又艰难的一个过程以后，一块真正的芭蕉布就织成了。这在都市里的那种什么都是"快！快！"的催命似的生活节奏下是根本无法想象的。大概是因为这种形式合乎岛上的生活节奏，才使它们得以相传并延续至今。

石垣出生在冲绳群岛中的竹富岛，在东京学过美术，后来回到冲绳开始了传统的编织工艺。她的编织术继承了传统的技法，同时也尝试着融入了现代的感觉。

石垣昭子口述

西表岛离东京很远哪，如果我早晨七点钟离开家，乘船到石垣岛上的飞机场大概要用四十分钟，然后从那儿再到那霸机场，从那霸再乘飞机到东京的羽田，要花差不多三个多小时才能到东京。

我们织芭蕉布用的丝是从一种叫线芭蕉的植物身上抽取的。线芭蕉是香蕉的同类。我们通常把结果实的芭蕉叫实芭蕉，把开花的芭蕉叫花芭蕉。种类很多，都属于芭蕉科。其实线芭蕉也会结果。表面上跟普通香蕉毫无差别，但是它的果实是长不大的，吃起来口感也跟香蕉不一样。线芭蕉果实中的籽很大，把它们泡在泡盛（冲绳产的一种用泰国米酿造的二十五度左右的烧酒）里可做香蕉酒，味道很美，带有香蕉的香气，而且不甜。

线芭蕉等到开了花，结了果，再用来拉丝的话就晚了，拉丝的时机一般是在开花之前。"拉丝"说的是从它的茎上一根根地拉下细细的丝。有人会以为丝是从芭蕉叶子上拉的，其实是从它的茎上。芭蕉到底不是树木而是草本植物，所以说茎应该更确切。像剥洋葱皮一样剥下一层，再剥下一层，然后还是皮。它的皮中含有丰富的纤维，如果在种植时得到精心细致的护理，就会成为很好的丝线。

说到芭蕉布，用处最多的恐怕是举行祭日庙会和各种传统仪式的时候，实际上人们在日常生活中也并不穿芭蕉布做的衣服。毕竟行动不方便嘛。在我们岛上，祭日庙会是生活的主要部分，所以，我们的生活也多是围绕着它来营造的。在我们看来，像芭蕉布、麻布这一类的东西首先代表的是祭祀神上的意思。

我身上穿的这件丝的长衫是八重山一带的盛装礼服。这种款式如果穿在平时，布的质地会有所不同，而且，下摆也会再短一些。这种长衫是不用系腰带的。因为常年比较热，所以琉球服装的特点就是要通风好，正式场合穿它的时候，里面还要套一条白色的百褶短裙。

织布、拉丝这种活计，不光在西表岛，可以说，在南边的任何一个岛上都是属于女人的工作。即便是现在，这样的岛还有不少，像竹富岛、小洪岛都是。一台织机就是我们自给自足的道具了。很久以前，岛上有缴纳人头税的习惯，女人满十五岁要上缴一匹布（这里指的一匹是十米六长、三十四厘米宽）作为人头税。这一项政策统治了琉球王国长达数百年之久。历史留下了许许多多的东西，织布这一项属于女人的工作也就这样延续了下来。

在一个共同生存的环境下能织出好布是作为一个女人的自豪，而掌握了一个个的织布技巧也就成了她们的骄傲。

留住手艺

一般要想学会织芭蕉布的技术通常要用两到十年的时间。现在冲绳县在培养继承人上已经开始行动了。由政府指定芭蕉布及土布的产地，让那里的技师培养年轻的一代。

　　其实要真正记住编织的工序并不需要花太多的时间。把织机架好，往织机上一根根地插入横线丝，主要的操作都是在织机上，很快就能记住了，有半年到一年就足够。但是，难就难在材料的制作上，而且，材料的制作也是很要时间的。

　　芭蕉树是大自然中的一分子，所以，还要根据自然界的状况，并注意材料的废物利用，等等，这些是在栽培它们的时候都要考虑进去的。在岛上，有不少人拥有专门用来种植芭蕉的田地。即使没有，因为芭蕉并不需要特殊的土壤，所以，一般在我们那里，随便什么地都是可以种的。只要在农耕地的垄里零零散散地栽上几株芭蕉，过不了几年就会从一株线芭蕉旁繁殖出众多的小芭蕉来，不知不觉中就形成了芭蕉墙。这种习俗在岛上的每个村落都保留着，甚至有些地方，村落虽然已经废掉了，但在一些旧屋的房后，你一定还能找到像线芭蕉、苎麻和冲绳酸橙树这样的植物。这些都是女人们做活的原料。苎麻是一种可以提取纤维的植物。酸橙是类似柠檬的水果，我们用它来做醋。在岛上生活，吃生鱼没有酱油的时候，可以淋些用酸橙做的醋。洗涤芭蕉布的时候，滴上几滴醋就可以让布变软，还有去污的功能。因为布是在含碱性的液体中煮的，用酸中和一下，布就活了。染色时，媒染的液体中也要放几滴酸橙的汁液。另外，它更是喝泡盛烧酒时不可缺少的东西呢。总之，这种酸橙在岛上是家家户户的必种之物。

冲绳群岛中有个宫古岛，这个岛上出产一种有名的宫古上布，这宫古上布使用的都是上好的材料，岛上的女人们种麻、芭蕉，还有蓼篮等，积累多了以后她们才集中来织。所以我们的生活里总是缺少不了织机。

我是因为祖母以前常织布，而我又总是她的帮手，也就慢慢地学会了。我们小的时候，到处可以看到这样的情景：清早起来先点亮油灯，然后帮祖母穿针引线。现在，这种情景已经基本上见不到了。连老人们也开始忙于打门球之类的活动了。

芭蕉丝从茎上撕下

芭蕉的茎大约有两米高，一般在长到一米五的时候进行剪枝，把一些叶子掰掉，这道工序一年要进行两三次，是为了让芯能长得坚实，也为了让养分能输送到茎部。

蕉叶可用来包东西、盖东西。其根部的汁液可作为染料使用。芭蕉的全身都是有用的。我通常是在芭蕉长到一米五左右时砍断它，因为那样比较符合我的身高，便于拉丝。一般也都是根据自己的身高来进行处理的。有芭蕉的地方就会有女人们的作坊。

拉丝的季节以冬季为佳，在春、夏、秋季剪枝，精心养育，等稍冷下来以后进行拉丝，会出很好的丝。有的也分成春芭蕉和冬芭蕉。

线芭蕉很重的，一株大约有两三公斤重。

在芭蕉田里它们就是这样生长的，乍一看很像树吧？把它们的皮一层一层地剥下来，越往里剥丝越细，也越有光泽。

芭蕉的叶子是沿着根部向上长的。一般植物的纤维都是从根部向上生长延伸，所以，在剥皮拉丝的时候要注意是从根部向叶子的方向来剥，否则的话，丝会在中途断掉而且会伤到它。顺根部往上剥会很自如，颜色也越来越漂亮。芭蕉经过一年精心的养育，这时候的丝是最好的。如果你的丝一直能拉到芯的部位，说明你是精心地养育了。

芭蕉的皮可以用来防染，现在一般都用塑料的东西，过去都是用一些不太好的叶子来系着进行防染的。

我要拉丝给你看看。拉的时候要根据自己想要的粗细程度来拉。把拉好的丝晾干，就成了很好的芭蕉线。就像洋葱，有很多很多含丝的层，里外的质地各不同，里边的比较细腻，外边的比较粗糙，所以这个时候自己可以来区分哪些用来做横丝，哪些用来做竖丝。

在完成一道道工序的时候，脑子里要计划好日后打算做什么用。用芭蕉丝做材料织布是每一道工序都不能敷衍的，是一环扣一环的。

站在芭蕉田里，就得想着哪些该砍了，哪些还时机尚早，还要看看气候的情况，然后决定各道工序的先后。在砍之前要准备好木灰水（把木头烧成灰放入水中），准备好煮芭蕉的柴薪。所有这些不用说也都是女人们的工作。

丝芭蕉的茎要一层一层地剥开

　　如果你注意一下颜色就能发现拉丝的时候是由白色慢慢地变成淡粉色。颜色是一个交叉点，可以决定经线和纬线。

　　决定经线和纬线的时候，一般是将最容易撕开的部分用做经线。有时候，一等丝干了就上机，也有的时候先要把这些丝放在锅里，用树灰熬的汁来煎煮。当然，所用的树灰可不是什么树的都可以的，要用我们冲绳当地的两种叫做油那（学名：hibiscus tiliaceus）和嘎玖玛（学名：ficus retusa）的树，这两种树的质地很坚硬，而且它们的灰是白白的，用这样的灰对丝的颜色影响很大。

有透明感的丝才算是好丝。上面附着的一些不纯的东西经过煎煮以后都脱落了。

织的时候，根据个人的喜好，丝还可以拉得更细。但是晒干了以后就不太容易拉了，所以，这个操作应该是在水中进行的。把它们浸泡在水里，然后用小手指的指甲拉，用左手的小拇指压着，手在这儿都变成工具了。

把芭蕉裁断成一百五十厘米长，是因为这个长度拉起丝来比较方便。据冲绳民谣记载，过去有一种"二十支"的技法，就是织一厘米长的布要用二十根的丝，那样的布织出来是很细很细的，但是要有相当的技术。现在充其量也就用十四根丝左右。

一百根芭蕉的茎才出一匹布的丝

在冲绳当地，凡是有芭蕉的地方都有一种放丝线的筐，而且，这个筐的大小正好够放织一匹布的线。把织布用的丝

留住手艺

从茎上抽取出来的丝，一百根芭蕉的茎才能织出一匹布

线连接在一起可不是靠系扣儿的方法，线和线之间是捻在一起的，这可是需要点儿技巧的，要利用手指指纹部位凹凸的地方来捻。

在岛上，有些老婆婆边聊天或边看电视就把丝线捻上了。

冲绳本岛有个叫喜如嘉的地方，那里也是芭蕉布的产地，但是那里的丝线一般都是打结的，这样一来织出来的布上就留下了一个个的小球球，倒也成了一种特征，所以，我们一看布的织法就能分辨出它是哪个地区产的。

织一匹布如果只用芭蕉茎的芯部，那要用差不多一百根的芭蕉。住在喜如嘉的平良敏子就喜欢花上五六年攒够了芯部的丝线后，织一件漂亮的和服，那可真是上等的和服。

我一般是不分外侧、中部或芯部，而是把它们揉在一起来捻，这样出来的丝线有的地方粗一点，有的地方细一点，这样织出来的布也很有趣，芭蕉的特性并不只是结实，重要的是它的手感。

野猪会告诉我染料在哪里

一旦丝线存够了我们就要开始染了。染料我们都是在芭蕉田的周围找。如果到山里去的话，现在还能找到过去人们常用做染料的植物。我居住的八重山一带最多的树要数橡树和米储树，它们的皮就是很好的染料。把剥下的橡树皮放在锅里咕嘟咕嘟地煮，然后放一把田里的泥来媒染就能变成乌黑的颜色。泥巴就是媒染剂，因为它是含铁的。用石灰媒染的时候就用珊瑚礁。但是，最多的时候还是用灰汁，树木的灰汁，而且灰汁也能出来不少颜色。有灰色的、黑色的，其中数茶色系的最多。在石垣岛、西表岛上自生自灭着一种植物的根，我们叫它蔻娄，是野猪最喜爱的食物，而且越是野猪喜欢吃的季节才越是它出好颜色的时候，野猪吃的是它根部的大芋头，我们也把芋头削成块儿在锅里煮，能煮出很好看的颜色。另外，出茶色最好的要数黑芦邑（冲绳方言音译。生长在热带的植物，学名：kandelia candel），它的茎和皮都能出好颜色。

黄色，是代表着琉球王朝的颜色。芜库邑（冲绳方言音译。学名：garcinia subelliptica）是最好的黄色，一般是用它的皮，时候赶得好的话，树枝、树叶也可以用。

你们不用担心这样折腾树会令它们死掉，我们当然不会伤害树的里皮和树枝，剥外皮的时候我们是有技巧的。何况我们并不是把整棵的树都挖出来。此外，我们用得最多的还是那些长在自己作坊周围的树，因为那样更方便，用起来也都是很小心翼翼的。

调煮染料时，用的水不同，出来的颜色也会不同。

一年四季都会有不同的植物交替着成熟。像我们这样从事编织的人总是会合着季节作一个像日历一样的采丝计划。什么季节采什么丝。春天到了，桑叶郁郁葱葱的时候就采蚕丝；到了4、5月份，就采麻；冬天呢，就采芭蕉。我用的丝线种类，除了芭蕉就是麻和绢丝了。最近我在尝试着用跟线芭蕉的手感和光艳很接近的生绢来织些东西。

芭蕉布其实没有什么特别的织法，只是因为这些丝线很容易断，又加上受不了干燥，所以，即便是在夏天，房间里也不能开空调。丝线需要一定的湿度，我们在织布的时候都要喷一些水雾，让丝线含些水分。就这一点来说，西表这个高湿度的地方是很合适的。这也正是芭蕉布在其他地区发展不起来的原因所在吧。再怎么强调"大和文化"，它也难在本土（指本州岛）生根发展。包括用来做衣服的芭蕉布，也是因为适合了冲绳这里的风土人们才会穿它。

芭蕉丝一干燥就容易断，所以织布用的梭子也要经常保持湿润，特别是上纬线的时候一定要先把织机弄湿，这样丝线就会很听话，织起来也很顺当。这时候，穿梭在织机上的梭子也不会发出咔哒咔哒的涩的声音。

我们织布的最后一道工序是将织好的东西拿到海里用海水来漂洗。因为经过几天的编织，布上面会落上很多灰尘和脏东西。这最后的一道工序可以说是洗涤也可以说是精炼吧，要在海里漂洗一整晚上。把布放在海水里这么一浸泡，如果

　　　　　　　　　　留住手艺

是染色不彻底的，那么这一泡会全部被泡掉的。还有一些比如上的浆也会被泡掉。泡了一晚上以后，再使劲地揉一揉，然后把它们拿出来放在太阳底下用海盐水晒晒，最后再用清水反复洗几遍，这么一个程序下来，芭蕉布就变得清灵灵、凉爽爽的了。海里的盐，太阳的光和风都是很重要的因素。

（1994 年 8 月 28 日访谈）

捌　靠竹编能吃饱饭

筱竹编手艺人　夏林千野

（1920年7月29日生）

导 语

  这里说的细竹实际上是一种像芦苇一样的植物。当地管它叫"筱竹"。这种植物在岩手县很多。它不是像一般竹子那样挺拔向上站立，而是有一根过人高的茎，茎的最上端茂密地开始长叶子以后，它就不会再长高了。茎上边的节杆都很平坦。因为茎杆很直、粗细均匀、节杆平坦，最适合编制笼子一类的容器。为什么它会成为岩手县一带的特产呢？这跟这个地区每年冬天积雪很厚有关。积雪很厚的日本海一侧，特别是积雪在七十五厘米以上，能使这种细竹得以自然生长。在日本国内，它们多分布在北海道南部、本州岛太平洋岸以及九州和四国。七十五厘米积雪等高线的分界线，在岩手县境内正好跟 JR（国铁）的东北线一致。这条线的西侧积雪量很大，

    留住手艺

而东侧就很少。出产细竹工艺的一户市、轻米市和夏林千野居住的二户市就沿着东北线，正好在细竹自然生长的地带中。

细竹编最基本的技法是夏林千野结婚嫁到夫家以后跟着公公学的，以后自己又琢磨并加入了属于自己的新技法，还跟她长年给国外加工定做的细竹编有关。下了JR二户站，沿着山边一直走就是夏林的家。房子的后身是放材料的小屋和放着一些小机器的作坊，跟一间放着暖桌和暖炉的房间连着，用机器把那些细竹签加工好以后就可以坐在暖桌旁慢慢地编了。房间的墙上贴着很多纸条，那些纸有的是挂历的背面，有的是广告传单的背面，她说那上边写的是编细竹过程中的乐事和心得。写纸条对于她来说很有乐趣呢。

放材料的小房间里堆积着能用很多年的材料。需要用机器来劈、磨和定尺寸的都备好了很多料。夏林考虑到自己眼睛不好使了，如果事先把材料备好，即便岁数大了光靠动手还能继续编下去。

"走，我带你去看看什么是细竹。"夏林手拿镰刀带着我出了家门。没走多远就看见了长在山的斜坡上的细竹。劈开荆棘，夏林用镰刀砍了几棵给我看。回到家以后，她把它们劈开，要编个放小毛巾的竹篮给我看。

细竹编是她人生的全部。

我是 1997 年 11 月去访问她的。那篇访问直到 1998 年 4 月才在杂志上发表。然而那时候的她已经不能再继续她热爱的细竹编了。那年的 3 月，她因为突发性脑出血而倒下了。她培养的弟子和儿媳妇承接了她的技艺。但是在我看来，细竹编就是其生命本身的夏林千野的时代已经结束了。这篇访谈是向后人传达曾经作为生计的夏林的细竹编人生。

夏林千野口述

四十年行走于全日本

我今年七十八岁（1997 年）。在全国各地行走了四十年。从年轻的时候开始，为了要把自己做的东西卖出去。在日本全国各地边实际演示边卖。那时候也算是县里指派吧。现在岁数大了不出去了，有人想要就把做好的笸箩什么的给寄过

夏林编的器物，最上边是筐，筐的下边是豆腐篮子，右下边是装东西用的"盛器"

去，告诉他们价钱，他们就把钱汇过来了。你问我从什么时候开始学这个？我嫁过去的那家的公公是编这个的手艺人，他跟我说你也学学这个吧，给自己挣点零花钱，我教你。就这么着结婚以后才开始学的。跟着公公学的是老式编法，那时候编一个能卖五元。就在那期间，县里举办了第一届竹编工艺培训班，我也参加了。那时候孩子们还小，为了养活他们，就想着尽量能多卖一块钱，首先自己编的要比别人更好更巧，才能多卖钱。用在培训班上学的技术编出来的东西居然被选为出口用的了，我的东西是最早被选为出口用的。后来从县上来了七八个人，还带着七八个记者，他们不停地写呀写呀。那是昭和二十七、二十八年（1953年前后）的事了。自己做得好了，外贸公司也开始代理我的东西作为外贸商品出口。后来就开始去一些什么世界展览会呀，接着就有好多人找我订货了。

嫁过来以后跟着公公学

我嫁过来的时候是二十二岁。这在从前就算大龄了，我周围的姐妹都是十七八岁就嫁人了。我是独生女，一直拖着不想嫁，来提亲的都回绝了好几次。我嫁的那家在那边一个叫折瓜山的山脚下，很偏僻的连电都没有的小村子。够可以的吧? 小村子叫夏间木。我嫁的那家是一个很大的庄户人家。夏间木这地方没有能耕田的地，周围都是比较平坦的小山。地，要走绕过好几个村子才有，种的也是些豆子、稗子、小米，因为不产大米，所以就动手做些竹编的东西去卖了钱再买大米。那地方现在还有人住呢，都是农户，表亲也有住在那儿的。我嫁的这家有八个兄弟，一大家子。那时候我们吃的都是用稗子做的饭，一点大米都没有。十三口人的饭呐，很壮观的。大家都浇上汤吃，否则根本无法下咽。我从来没吃过那么难吃的东西。最好的饭就是用荞麦做的疙瘩汤了。荞麦耐寒，所以我们那里出产。我结婚的时候，婚宴上吃的就是荞麦疙瘩汤。从前的日子真是苦哇。我在娘家的时候哪儿受过这种苦，这种生活连听都没听说过。出嫁之前我从没背过重担，所以刚嫁过去真是吃了不少苦。

因为要绕几个村子才能到自家的地，那些肥料什么的都得靠背过去，别说车，连马都没有，我都自己可怜自己怎么嫁到这样的地方来了。好在我的身体还算结实，那时候很瘦，恨不得一阵风都能吹倒，现在是胖多了，一过了六十就开始发胖了。从前人们老开玩笑说，你比笼子还轻吧?

我学编竹子的时候不是在灶膛，而是在铺着木板的房间里，当时的房子很大很大的。编竹子一般都是在雨天进行，如果不是雨天，那就结束了地里的活计以后再编，还得找时间去割细竹材料。家里到处堆的都是，每个人的材料由每个人自己负责割回来放在一旁，所以这边是公公的，那边是婆婆的，这边是爷爷的，那边是奶奶的。每人有每人的地方。开始我不知道这个规矩，割回来就跟他们的放在了一起，随后有人就嚷嚷谁动了我的细竹，我男人就告诉我，自己割的放在自己的地方，别跟别人的混了。细竹一根都不能跟别人的混了。以后我才明白，那是因为每个人做的东西就是每个人的零花钱，是绝不可混淆的。材料也不能混。我原来以为家里的男人拿到了钱再分给每个人，没想到这儿都是各自挣各自的。我觉得太不可思议了。后来我编得好了以后，成了这个大家庭的第一名，挣得最多的一个。我在娘家的时候因为是独生女，有妈妈还有姥姥在，根本用不上我做任何事，说夸张点儿，连抹布都没拧过。但是到了这里以后全家十三个人的碗都是我一个人洗，没一个人帮忙。什么活儿都得我干，让他们使唤得好惨，我那时才二十二岁哪。

那时候我们住的那个地区还没通上电。背东西一背就是五六十公斤重的麻袋。我刚去的时候才不适应呢，根本背不动那么重的麻袋，又没有马。而且那里的人都不穿鞋，打赤脚的，就连去山里都是赤着脚去，连草鞋都不穿。我从娘家嫁过来的时候带了五双草鞋，我倒是穿着草鞋的。娶新媳妇也什么都没有，倒是我娘家给我带了腌菜和大酱。连板斧都是从娘家带来的，现在还用着呢。

我们这些做竹编的人没有什么供奉的神灵，但是我一直供奉着我的公公，把他当做神来供奉。每次有人来订货之前，我都会做梦梦到公公手里拿着一根竹子。我就觉得公公一直都在保护着我。公公还是挺照顾我的，跟着他学的那会儿，他是个话很少的人，甭管我做得好还是不好他都从来不说什么，就说慢慢地你熟悉了就好了。我的一个亲戚也嫁到了那个村子，也学细竹编，但是她就说不愿意请教我公公，大概是因为我公公太不爱说话。

我觉得学东西最关键的就是要虚心。教的人怎么说你就怎么全盘接受，不要有任何的抵触，也不能嫌麻烦。

我一直觉得公公是很了不起的人。很多年以后我开始到各地去表演了，县长的夫人就会跟我说："夏林，你真了不起哪！"我说我有啥了不起的？她说："听说你每次出门前都要给公公上香的？"我说，那倒是，每回出门，我都会烧一炷香向他汇报，公公，这回是去东京，这回是去北海道。因为教会我竹编的是公公嘛，能有今天多亏了公公的教诲。我从二十二岁一嫁到夫家就开始学，从砍原料到备料到编，一步一步，都是公公教会的。

我是山里的野兔子

我说我是山里的野兔子，为什么这么说呢？你见过山里的兔子吗？它们是从来不看两边，一直往前猛跑的。我就像那些兔子一样，认准了一个方向就一条道跑到黑，从不看两边。在没做好之前是不会放手的，也就是绝不放弃，一定要做到底才善罢甘休。就是这样一个性格。想要编就一定要编好。十四五岁的时候，我用了两年就成了我们那里的缝纫能手，做东西比谁都快。手就算巧的吧。无论做什么，一想到学的东西如果将来能起作用就好，学起什么来就有干劲和信心了。所以我说我自己像山里的野兔子，不是野猪，野猪也勇往直前，但是它会停下来用鼻子挖坑，兔子不会，它就一直不停蹦着跳着地往前跑。我们这里管这种一直向前的人叫像兔子一样的人。在夏间木那地方，我嫁过去的部落几乎家家都做竹编。用的地方也多，用它盛各种东西，豆子呀，谷物呀，大小都有。最大的有多大？还真没量过。最大的能盛一斗（三十斤左右）豆子吧。这个很好卖的。后来我到各地去表演的时候也是这个最好买。我丈夫四十几岁就得中风去世了。活着的时候也是我到各地去，他留在家里看家。因为出门的时候都是县里的年轻人陪着我去，也用不着他跟着。

我的竹编出口到了斯堪的纳维亚

前边不是说过我做的竹编都出口了吗？往斯堪的纳维亚出口的竹篮不是我设计的，是柴田春家先生设计的。你不知道他吗？已经去世了。他不是二户人，是奥中山人。柴田先生是来我们这里给我们讲习竹编技艺的老师。他教的跟我们以往做的不太一样。他会教我们根据用途变换容器的形状。就像盖房子那样，他给我们画图看。正面的侧面的，他会给我们设计图纸。

有一天县里来人带了一摞图稿，拿出来让我看，还让我在别的纸上也画画，我借了个笔就画给他看，然后告诉他这边是正面，这边是侧面。后来他们又说能不能实际演示给他们看看，我就演示给他们看，他们看了以后就说"真了不起呀"。那个篮子被送到横滨的贸易馆，就被选作出口商品了。但是那不是我的设计，是柴田先生的设计。

参加完昭和二十七年（1952年）和二十八年（1953年）的两次讲习班以后，第二年我就开始做我自己设计的形状东西了。那时候有 A 型和 B 型。A 型算是老师的吧，因为我是从老师那里学来的。当然编都是我自己编的，那时候年轻，学什么一学就会了。这话说也都四十五年前的事了。那时候我也就三十出头吧，学这个是我唯一奋斗的目标，每天吃了饭，哄孩子们睡了以后，我就不停地编，编好一个就去拿给老师看，天天如此从没间断过，整整两年。老师看过后给我指出来哪里哪里好哪里哪里需要改进，他会给我画上红印，像学校的老师批改作业一样。第二天我再把改好的作业拿去给老师看，甭管刮风下雨下雪，我都是靠走着去老师那里，因为也没有马车什么的嘛。去老师家要翻山去的，他住在叫鸟越的山的那边，单程也要走三里路呢。现在想想那可真不容易呐。路上经常听到狐狸叫。也不知道害怕，人一穷反而不懂得害怕了，反正什么都没有，也就什么都不怕了。去找老师最大的收获就是，我看到一张设计图以后，先按照自己的理解哪里薄一点或厚一点，或者哪里颜色深一点或浅一点，我不确信自己的理解，找老师看是想确定自己的判断是否正确。有了老师的批改自己才心里有数呢。我几乎天天都往老师那里跑，天天也都是问这个，后来老师还跟别人说："唉呀，夏林的手就像是魔芋的根一样黑黑的。"可不吗，每天要干那么多活儿，手哪能好看呢？再说了，嫁到这家就要学做这家的活儿，还要养活四个孩子。我从没想过自己编得有多好，不知不觉中还成了大家公认的"名手"了。我自己也没有想到。柴田老师是专门研究这个技术的，他也从没想过靠这个赚钱，光研究了，所以也很贫穷。

我干这个的目的就要赚钱的，因为我需要钱养家。

编法？那就太多了。如果光研究编法那肯定老受穷，因为没有产品出来嘛。

我们这里其他的人只能编一些简单的，难的就编不了了。当初，县里来人让我们做这个的时候，他们带来的样子连我都看不懂。

那时候奥中山地区的一个手艺人跟我公公一起，就在这一带的山里走街串巷地教大家编这个。我嫁到这家真是得天独厚了。

我获奖的时候，柴田老师激动得都哭了。他是高兴的，可惜老师七十二岁就去世了。最早来委托我加工的竹编的样子并不是柴田老师的设计，而是县里带来的图纸我照着做的。但是老师永远都是我的老师。

我靠竹编盖起了房子

我们那里的人都不相信我靠把竹编卖到国外挣了那么多钱。他们都认为我编竹篓是上当受骗。谁都不相信竹编能卖到外国去。其实又不是我一个，有县里的人帮我呢，没什么不放心的。我的竹编卖到国外以后真挣了不少钱。我就是靠这个钱盖了房子。在那之前我们家是周围用茅草围起来的很简陋的小房子。那时候我们这里还没有通上电，我们都是挖松树的根来照明的，我就是靠着那点亮光不停地编呀编。夏间木地区通上电是我结婚六年以后的事了。

我们参加讲习班那阵子就已经来电了，听说为了拉电用了四千块钱，相当于现在的四十万吧。我那时候真是能干呀，我一个月就能挣四千多块了。这种竹编的竹盘三个一组卖得很贵的，订货来自很多地方呢，斯堪的纳维亚，加拿大都有来订货的。后来，县里给我写信让我到县里去一趟。我就去了。县里的人问我："你如果教给村里的人是不是他们也都能做？"我说应该能。县里的人就说："那你回去教教村里人一起做吧。"我回来后就开始教村里人做。出口用的竹篮竹盘，跟夏间木当地从前的竹编手法有些不同，我开始教村里的人做高档的竹编。哎呀哎呀，他们也一下子就尝到了甜头，因为能挣钱了。很快，大家都有了积蓄。我用自己挣的钱盖了房子，刷了外墙。那时候的房子是不刷外墙的，我盖的房子在我们那里还是独一份呢。我盖的这第一个房子正是我做竹编挣出来的。白天去地里干农活，晚上就是不停地编呀编。

边出租房子边做竹编

夏间木这个地方生长着很多筱竹。自己去砍下来，劈开晒干，还要让它干燥，因为如果不干燥的话就不能用它来编边缘。用来编边缘的竹要在夏天的伏天去砍，其他的部分任何季节都可以砍，冬天都可以。我去地里干活的时候都是带着镰刀的，干地里活的时候如果看到有筱竹就把它们砍下来，哪怕是一根两根，材料就是这样慢慢积累起来的。这种竹编只有我们二户村和一户村才有，很早以前就有了，我公公就一直编这个的。只要一下雨地里的活儿就干不成了，整天就编这个，哪月哪天在轻米有祭祀活动，哪月哪天在三户有祭祀活动他都记在心里，祭祀活动时候就把编好的东西拿到集市上去卖。不分白天黑夜只要有时间就编。

从前人们都是把东西拿到搞祭祀活动的地方去卖，卖了东西才有收入。

公公为了让我们能生活得好一点把这个手艺教给了我。很多年以后，我代表我们这儿，第一个到大阪的高岛屋去表演了，还住在酒店里，那是我第一次住酒店呢。那时候我的眼前就浮现出了公公的身影。多亏听公公的话学了这个，现在才有机会走出来。我心里很感激他。所以每次要出门的时候都会向公公烧香汇报，特别是去一个新地方的时候。

我现在住的这个地方叫石切所。我搬到这里也有三十几年了。在夏间木地区住的时候，我丈夫好酒，所以公公没有分给我们耕地。来这儿之前，我是边种家里的地边做竹编，不容易哪。

后来这边村长见我每天跑那么多路种地，就说要不你到我们村子来吧，地也别种了。那时候已经有计划要建职业高中，因为这一带没有职业高中，如果建了职业高中周围的县和地区也会有学生入学，村长就让我就把家里的房子出租给学生，接着做竹编也会有收入。我家后来收容了十个学生呢。留下的地都种上了杉树和唐松。我就专心做竹编了。

我这辈子做的竹笼呀竹筐竹篮一定有好几万个了，虽然从没数过。

"夏林竹细工（工艺）研究所"是市政府的人搞的。

我们接了很多的工作，把这些工作分给大家一起做。从前学的人成了老师开始带徒弟，凡是这里做出来的东西都保持一样的规格和水平，然后贴上封印，所以叫研究所，目标就是做好的东西。

在研究所里我年纪最大。其他的婆婆们都靠老伴的养老金生活，倒是不愁吃穿。研究所已经培养过二十几个徒弟了。

留住手艺

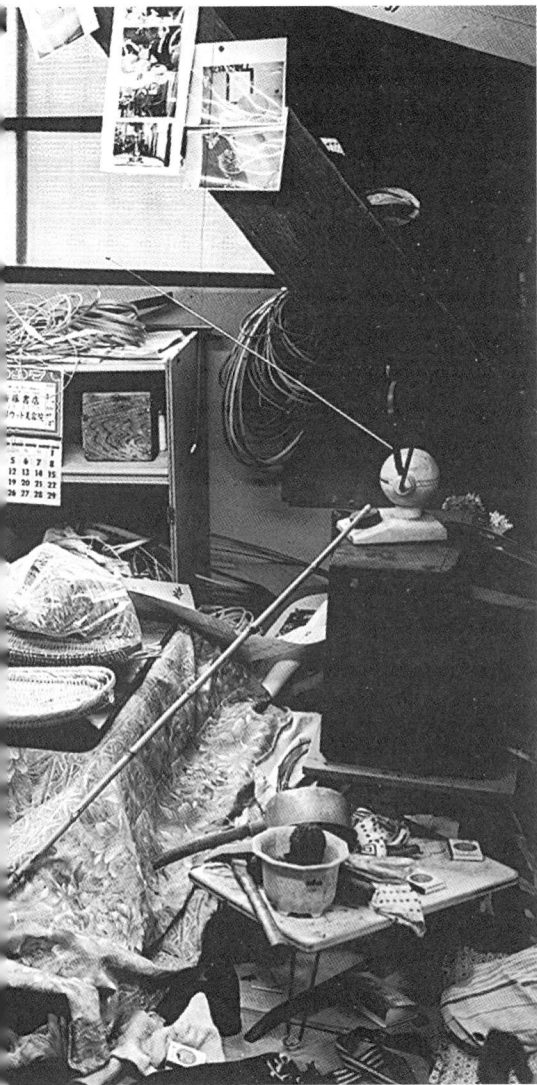

夏林的作坊，她终日坐着
干活，所有的东西都在伸
手可及的范围内

筱竹要砍回来，劈开，晒干

筱竹的竹笋可是不能吃的，竹笋里边是空的。我这里存放的材料估计还能用三年吧。从前这些材料一年也就编完了，现在做不了那么多了，毕竟我也上岁数了。

这些筱竹夏天的时候砍回来，劈开后在有太阳的时候晒。砍回来以后先进行去粗的工序，就是把外边的粗皮去掉。去壳有专门的人来做，每个人的分工不同。

这样一根竹子要劈成四瓣，这个是我自己来做的。怎么劈只有我自己知道，这里边有诀窍的。邻居们有时看到我忙不过来也会过来帮我。劈开来晒在院子里的景象是很壮观的。把它们都铺在晒稻谷的棚子上，不知道的人还以为是在晒稻谷。那边工地上干活的人都下来看到底晒的是什么。他们会问："晒稻谷吗？""不是，是筱竹。""晒这个干吗用呀？""编竹篓用。"如果是不知道竹篓的人就被弄得一头雾水，因为即便是这附近的地区也有很多人不知道竹编这个工艺呢。

筱竹看起来挺硬的吧？这个是要在冬季砍的。等水分都升到上边以后才能砍。砍筱竹的工具就是一般的镰刀。割草割麦子都用的那种镰刀。竹编也用一些机器的。比如去壳、劈四瓣和削边儿都是用机器的。材料处理的工序是这样的，首先要把竹子劈四瓣。以前没有机器的时候都是用手来按着用劈刀来劈的，现在只要把它们放到机器上，这边一推那边一拉，电动的很省事。劈好四瓣儿以后，再上去粗机，用去粗机除掉竹竿的内芯。就是把劈好的竹子放进去，里边的刀片会自动来刮。去了粗以后，就要根据要做的竹编的大小来决定竹条的宽窄尺寸了。一般同一个竹器用的竹条尺寸都是相同的。

现在我们这里的人们不做出口又开始做从前传统的东西了。这些拿到集市上还能卖得不错。我们的东西已经开始被外国便宜的东西取代了。但是我还是做以前出口时做的三个一套的竹筐，这个在国内也卖得很好，很多人都做不来。做这个的时候很难集中精力，一会儿来客人了，一会儿又有别的事了，总不能静下心来，静不下心来精力就不能集中。三个竹筐要完整美观地大中小一套摞起来，做这种成套的东西不用量尺寸，完全靠自己手上的感觉，用眼睛数着行数也没用，到头来还是要靠手的感觉来调整。我这种编法就是让一根筱竹折返过来，这是因为如果没拉紧，一松，三个就摞不成严丝合缝的了，要让这三个摞起来就像一个一样不占地方。当年就是这样出口的。那时候这个卖得真好呀。现在我们当地的大多数人都能编这个三件套，但是每个人的形状还是有所不同。当年三件套卖到了七百日元（合人民币五十六元），别的竹笼也就三百日元（合人民币二十四元）。所以让人高兴哪。现在同样的三件套卖到一千六百元了，听说出口的时候中间还要再加上七个人才能到达那个国家。不知道在斯堪的纳维亚卖多少钱? 后来从斯堪的纳维亚转到美国去了。因为这个成了出口商品，所以现在都要接受检查了，会有人每两年一次来检查我的竹编，看是不是按照规格在做。

工具就是一把劈刀

竹子是扎手的。我就曾经被扎到骨头里，马上去了医院。

年轻的时候很少受伤的，现在上岁数眼睛不好使了，有时候就会受伤。年轻的时候天天做不会受伤。去外地表演的时候，人家都说你的手真干净，从不受伤吗? 我就说："劈竹

"手铊"是筱竹编使用的唯一工具

用了很久的"手铊"

子的如果把手劈了那还怎么干活儿呀？"

我用的工具就是一把劈刀，非常普通的劈刀。当然刀片要锋利的最好。劈刀是我用竹筐去跟劈刀做得好的工匠换来的。把手很细，我们女人拿在手里很好用。编的时候，我们自己编好了主体部分以后，就拿到专门封边儿的手艺人那里让他给封边儿。拿着竹筐去买豆腐是我们这个地方的生活习惯，所以家家至少也要编豆腐框的。六角型的筐最难编了，花形的筐也很难，这个我好生研究了一番，也卖得很好，听说都卖到旧金山去了。

还有一种是肩背竹篓。秋天摘苹果呀春天采野菜呀，大家都背着这个去山里。边缘的地方是用藤条来封的，不用筱竹。

我的继承人就是我儿媳妇。我现在每年还能卖一百六十多万元（十多万人民币）呢。大阪卖得最好。全国各地我都去卖过了，北海道也去过了。大家都说这个颜色好看，用用就变成黄色的了，因为很结实所以永远都不会变形。有些颜色发青的就当不了出口商品了。外国人喜欢原色。其实青色是在竹子年轻的时候砍下来的，用一用就变成白色的了，也是很好看的。

我年轻的时代，没有用钱买卖东西的，都是物物交换。

比如用一个竹篓换一升豆子什么的，再用一升小豆和一升大豆换鱿鱼，不是生吃的鱿鱼，是用酱油腌过的。从前的买和卖都是这样交换来进行的。我那时候经常去换大米。每月5号或者6号会有那种集市，一个竹篓能换八升大米。从前，从去伐竹到搬回来到编都是我一个人完成。我丈夫很早就去世了，活着的时候手艺也是很好的。他削竹子、备料都是一把好手。在我们村里是最好的。有一个好手帮我备料，我编得又好又会卖，那时候真是太好了。材料准备得好编得就好。那阵子，每天能编一百多个手巾托。像手巾托这样的小东西有两根竹条就够了，一根用来编身体一根用来包边儿，不需要太多材料的，更不需要其他人。所以去卖的时候人家一说"便宜点吧，便宜点吧"我就没辙了，本来这些竹子也是白来的嘛。现在只要打一个电话，马上就有人把材料给送到家里来了，专门有人去伐竹然后配送。竹子的计量单位是一束，也就是一把，有六百多根吧，两千四百日元。我上年纪了，做不了那么多了，所以每次就让配送的人送半把，三百根就够了。从前最多的时候一次曾经送过三百把呢。那是开着卡车送来的。因为不会腐烂，所以一次买很多也没关系。运来的时候我们是会数一数的，两根一组。卖的人是五根一组数的。现在我家里还有很多材料，到我死都用不完。

一起去找找材料吗

这一带我经常来散步，那一带长着很多好竹子，每一棵都长得很直。割的时候要一根一根地割下来，不能像割草那样一把一把地割。第一年长出来的竹都是青绿色的，年轻的竹子好打理也好编。竹长得很密，割的时候要深入到里边，一根一根地割下来。这里边有的竹很难编，所以割的时候是有窍门的。要割当年的竹子。老的太硬不能用。但是有的人还专挑硬竹编呢，编出来的东西也是很有味道的。你能分出老的和嫩的吗？当年的新竹在竹梢的地方是没有枝条的，第二年的就有了，是这样看的。但并不是硬的就不能用，硬的竹条一劈四瓣，用来编篮子的边缘还是很好的。我们砍竹子的时候都是把材料分开来的，比如这样的用在边缘，这样的用在竹筐的底部，这些老得长了枝条的筱竹还可以捆在一起做扫帚。用它扫院子里的落叶特别好用，家里的扫帚用坏了

散步的途中，夏林随手砍了些一年生的筱竹

我就跑到这里来砍老竹条做扫帚。

　　一根筱竹上下的粗细都是一样的，所以作为材料特别好处理。山里的竹子是没有所属的，谁都可以来砍。夏间木也好，哪儿都可以。如果是人家地里的砍了也没关系，那家的主人会说，砍吧，以后给拿个编好的篮子来就行了。所以到时候送他们一个竹篮什么的就行了。

　　土用（指立春、立夏、立秋、立冬前的十八天时间）的日子要去砍用作边缘的筱竹。所以我们总是把日历记在月份牌上。现在的日历跟从前的不一样，节令什么的都没有了，不好用。我用的这个是高岛历，在神社拿的。我们的工作是用旧历的。做竹编的人最看重的就是日历，其他的什么都没有。至于编，一年中什么时候都可以，刮风下雨下雪都不妨碍的。所以很多人都羡慕我们说："你们多好，什么时候都不受影响。"我就说："那你也学吧，我教你。"他们马上就会问："学这个得需要多长时间？"我就告诉他们：只是自己用的话一天就能学会，光编个形状还是挺容易的，但要想拿这个做生意那就不同了，能当商品卖，那最少也得学两年。要编得每个环节都很紧凑，还要形状好，不是那么容易的。这个人能不能坚

　　　　　　　　　　　　　　　　　留住手艺

持很久一来我就能看出来。有的人找上门来说"收我为徒弟吧"。但是这些人一定是有了什么特殊的情况才来学这个，这样的人我也不教。他们不那么容易学得进去，真正想学的人是那种没有一点私念的踏踏实实的人。一般坚持两年认真地学都能学会，但是必须很认真很努力。所以，人还是要贫困。只有贫困得走投无路了才会拼命地学。那两年是需要忍耐和坚韧的毅力的。我从前最艰难的时候也曾经在山脚下偷偷地抹过眼泪，多少次都想不干了，看看四周，就好像有人在看笑话地说："瞧你那出息，你能干得了什么？"于是抹干眼泪，狠下心："我非得干出个名堂！"人只有经历了痛苦才会有发奋的劲头。不过话说回来，我在娘家的时候从小看的就是这个，嫁到婆家看的还是这个，所以学起来倒还真没受太多的苦。学起来也还算容易吧。

筱竹就产在我们这里

唱着安来调跳舞抄泥鳅时用的那个竹编筜篓其实不是用筱竹编的，是用那种大点的我们叫做真竹的竹子编的。山里和河边都有那种竹子，岩手县的一关一带很多人用那种竹子做东西，而用筱竹编东西只有我们这一带才有。这种竹编用的筱竹只有沼宫内以北的地区有，常下雪的秋田县是没有的，经常有秋田县的人打电话来我们这里要这个。

有一首民谣就是这么唱的："我们去山里砍筱竹吧，去山里……"从前的人真能干，用筱竹发明了竹编，还靠它养家糊口。有的人居然还靠这个买了耕地呢，就这么能挣钱。从前在农村有现金收入那可是了不起的事。我就常跟孙子们说，你们的太爷爷真了不起，脑子太好了。从前如果孩子们第二天学校有运动会的话，就会有大人背着竹编到邻近的轻米村卖，然后换回好吃的或者现金。

真竹编出的东西和筱竹编出的东西有什么不同？真竹编的东西比较硬，容易断，筱竹因为用的是皮，所以比较柔软也比较结实。用的时间长了会烂，有人会拿来让修好了再接着用。当然我只修我自己编的，这种竹编能用很长时间，坏了修修还能接着用，直到烂得不能再修了。虽然能用很长时间，但是人们还是会在过年的时候买几个新的用来放糯米或者豆子什么的。我们的竹编因为是用皮的部分编的，所以控水很好，这一点比真竹好用。用它控洗鱼的水，能不留任何腥味，尤其受欢迎。

机器的出现

我们这里，人死的时候要把他用过的工具都一齐放进棺椁里。我死的时候放一把砍刀就可以了。只要有一把砍刀，不管到哪儿，即便是到了那个世界我也一样可以做我的竹编。

现在我们也用上了机器，不光靠砍刀了。我用机器实际上是为上了年纪以后着想的。老了以后眼睛、手都不听使唤了，就不能做了。所以我从四十几岁就开始考虑老了以后的事了。编，即便是老了也是不成问题的，但是要把一个筱竹劈成四瓣，再把它们的表面削光滑这样的工作，老了以后就很难做了。做便当用的筱竹片是要很薄的，这种绝对不会断。但即便是这么不费力气的事情老了以后做起来也会不容易。装这个机器就为了能帮我处理皮的薄厚。只要调节刀片就能削出适当薄厚的材料来。机器上的刀片都是我自己磨的，如果只想用竹子最外层的皮就调节这个刀片的厚度。我的刀

用唯一的所谓的机器把筱竹切割成自己所需要的尺寸，而从前
这道工序也是用手来做的

片都是像剃须刀一样特别锋利特别快的，那样才好用。从前
我老头的剃须刀也都是我自己磨的。我磨得可不赖了。我一
辈子都在做竹编，如果不让我做我会觉得没着没落。有时候
睡着觉突然就醒了，睡不着了，上了岁数以后会有这种情况，
就索性起来去作坊做几个小竹篮然后再回去接着睡。

　　　　　　　　　　　　　　　　　　　　　留住手艺

我只做筱竹编

除了筱竹我从不做别的事情。山葡萄皮编也不是不能做，但是手的感觉完全不同。我就是筱竹一条道跑了几十年。我给你看这个小竹簸箕是怎么编的。是穿过纵轴横向地编过去。像一些稍微有点损坏的竹条我都也不扔，把它们用在边框的地方正合适。我是心疼这些筱竹，好容易长这么大，如果不用就扔了太可惜了。我编一个放毛巾的小竹盘给你看看。就用这些边角料做四周的框框。我要先按照比例把竖轴切割好，这个小篮的直径是七寸五，一般都是用三根细竹做竖轴的，但是三根看上去不够美观，所以我都是用两根做竖轴，这样看上去比较雅气。中间用一根围起来，然后就可以绕着它编上去了。就这样一点一点地绕着编，所以材料越长越好，一根长的材料可以编很多不用接。一根最长的筱竹能比一寻（一寻约 1.818 米。古代的身体计量单位，将一根细长的绳类物品以双手抻开的长度）还长，一般都有两米左右吧。接下来就是来回地编过来编过去，手要紧，一直编到最后就完成了。这个编好了以后，再把边口加固一下，这样就很结实了。我这把剪筱竹条

边缘编得好与坏决定了一个物件的质量

编放擦脸毛巾的小竹篮

的剪子是五金店里买的专门剪花木枝用的。

竹编对于我来说虽然是工作，但是它的确很有意思。从什么都没有，连工作台都没有，就是在自己的膝盖上这样一个一个地编起来，编成一个个的物件，这不是很有意思吗？编小笸箩没有操作台也能编，就是编筐没有操作台我也一样能编。竹筐的编法是叫"网代编"，跟笸箩的编法不同。

刚开始学编这个的时候可从没想过自己会编到七八十岁，那时候因为嫁到了夏间木，想着自己要在这里生活一辈子，就拼命地学。这种东西做到六十岁就到头了，眼睛也不好使了。我的左眼眼底出血根本看不见，我到带广去的时候发现的，血压也高。所以我现在是用一只眼睛在编呢。

我再编这个毛巾筐的边边给你看看吧。这个要用缝席子的粗针穿上细竹条在边框上穿过来再穿过去，要拉紧。穿的时候，用左手压进去再用右手拉过来，这么一压一拉一下一下地穿过去。穿这个边框是最关键的，穿得不紧的话就盛不了重东西，筐也很容易就散了。

筱竹编的工艺过程

我再告诉你一遍竹编的顺序和工艺吧。

第一先要去砍竹子。从前每砍一次就要砍回一大抱的。我说的一大抱最少也得六百根左右。捆成两三捆。那可是相当重的。虽然重，但是年轻的时候还是能背得动。现在连一捆都背不动了。年轻的时候真能背呀。你别看背回来那么多，一家人都编的话，六百根的筱竹一天就用完了。筱竹在夏间木的后山有很多很多。青青的一年的嫩条，和两年的稍硬了一点已经分过枝的枝条，从远处一看能看得很清楚，到了地方就砍伐一年的嫩条。两年的枝条因为很结实就用来做边框。三年生的就不能用了，已经硬得干脆干脆的了。夏天砍的和冬天砍的筱竹材质上是不一样的。夏天的水分多，又软，但是只能做像小毛巾篮那样的小东西，做不了大东西。两年生的或者稍微老一点的筱竹，因为它的皮厚怎么削都好用，而且很有韧劲不容易折断，编出来的东西很有味道。筱竹背回家以后要先放在背阴的地方晾晾，用的时候再拿过来劈就是了。我家的背后有一间小房子是专门用来放材料的。劈好的晾过以后就放在里边焐熟，那里边放的都是三年前的料了。为什么要焐熟呢？因为不可能一下子用那么多。倒也不是焐熟了就好，那么搁着是因为不会变颜色，当然青嫩的还是会变的。放时间长了干了也不要紧的，用水一泡马上又软了。编之前用水泡一下，然后去粗就可以用了。

去粗就是除掉筱竹芯里的肉。把筱竹劈成四瓣以后就是除芯。有个机器就叫"筱劈"，用它来劈很简单。劈成四瓣以后晾一晾就搁着不用管它了，三四年就这么搁着。晾的时候赶上天好，四天就差不多了。天不好的话一周也就差不多了。千万不能让雨淋着，赶上下雨的时候一定要赶紧用塑料布苫起来，劈成四瓣以后不晾马上也能编。编一般的篓筐是没问题的。

晾的时候不能去外皮。外皮是起保护作用的，去了外皮会容易变色。一般都是临到编的时候再像稻子脱谷一样去脱外皮，也是用机器。晾干是为了能长时间地保存。晾的时候也是很讲究的，哪些是先劈的哪些是后劈的要按照顺序不能弄错，因为先劈的要先收，晾的时间是不一样的。赶上下雨一着急盖苫布就容易弄混，那样就麻烦了。

劈好四瓣，晾好，备好。用的时候先去掉外皮，然后用水泡一泡，在机器上去内芯，也就是去粗。再断成适当的长度就可以了。如果是编放毛巾的小竹浅需要细一些的竹条，如果是编比较大的篮子那就的要粗的竹条了，有六毫米宽吧。小竹浅的话四五毫米就够了。从前的小竹浅是不讲究明确的尺寸的，只是劈成四瓣编了就用了。小竹浅的手法是很简单的，我们的竹浅卖得很便宜，才一千日元（约合人民币八十余元）。按照我们的做法，又是劈又是晾的一点都不合算。

该说说编法了。手法跟编笸箩是一样的。先编出一个假设的轮廓，在上边竖三根竹条，从那里再横着编下去。怎么能看出手巧不巧？东西编好了一看就知道了。手拙的人编出的东西没型，这里短那里长的。因为没有模子也没有参照的东西，全凭自己的手的感觉，所以手拙的人编出的东西会七扭八歪的，因为器形是否完整就靠手上的力度。

我自己是专门编笸箩的手艺人，熟练地做多做好每一件东西是我的工作。我们这里，专门编笸箩的、编筐的、编豆腐篮的都是不同的人。虽然所有这些我们也都能编下来，但是什么都编的话手就不专了，不能这个也编那个也编。手不专了，编出来的东西就不像样子了。我觉得一直做一种才能做到最好，因为我们是靠手来记忆的。

　　我就做这种筱竹编的筐篓和小篮，手提篮呀豆腐篮什么的有别人做呢。有人用大竹筐放孩子的衣服，也有用它盛钓上来的小白鱼，也有用它放工具的。从前我做得最快的时候，一天能做九组这样的小筐篓。一组大中小三个的那种。九组就是二十七个。现在身体不行了做不了那么多了，感觉自己老了，有时候被请去作演示，两三天就会浑身疼。因为编这个要靠一下一下这么勒来勒去的，要用很大的劲儿，这么说来这个活儿也算是重体力活儿了。年轻的时候什么都不觉得，现在真的做不动了。但是，手还是停不下来，还想做。多大年纪都会做下去。因为有意思嘛。这多亏了公公，没有他的教导也就没有今天的我。

（1997 年 11 月 18、19 日访谈）

手编工艺师　菅原昭二

（1927年3月25日生）

导　语

菅原的作坊在秋田县角馆镇的云然。云然是一个稍离开镇中心，四周围都是农田的小村落。菅原的家和作坊是连在一起的。木槭工艺是指把木槭树或野漆树的树枝劈成细细的条片，用它们来编笼子或者簸箕一类的东西。

在作坊里，菅原是坐在垫上进行打编的。眼前安放着一个直径为三十厘米大的圆形厚木板，需要使用柴刀或其他刃器的时候都在那上面来做，那是一个小小的工作台。劈的时候、削薄的时候，甚至编的时候都在那上面进行。编的时候，需要先把木槭的树料劈成八瓣，挖空每一小瓣上的芯，然后再把它们都按同一宽度削薄。

劈成条的时候，他会伸出一只脚，用脚趾压住树条的一端，再用两只手来劈着把它们弄薄。要劈得均匀需要心细再心细。脚是裸着的，身体也始终都是一个坐姿。这劈条的工序是材料加工过程中最难的。

菅原是跟将来要继承他事业的儿子一起来完成从劈树条、削薄到打编这一道道环节的。他们编的笼筐，在从前是进山挖野菜和蘑菇的时候挂在腰间的那种篓。

角馆也是我的故乡。直到现在，我去钓鱼或去野外游玩的时候还会把那种笼筐带在身边。笼筐那轻柔的肌体，耐水的性格，用于户外再合适不过了。

秋田县冬季雪很多，不适合竹子的生长。因此，这里的人们就用柔软的木槭树和野漆树来编簸箕、笼筐以及各种农具。又因为这些原材料在附近的山里或杂木林里都很容易找到，加上打编的过程又不需要什么太复杂的工具，所以，过去农家是把这种工艺当做农闲期的副业来做的。现在，只剩下那么几个专业的师傅还在做。而且在他们做的东西里也已经很少有用于农具的东西了，取而代之的是手提筐、花篮、废物篓、文件筐等城里人用的时髦的物件。

菅原把编好的筐子和花篮交给他的夫人，再由夫人来打磨抛光使之完善。除了这些工艺品以外，他们还编些"木械狐"和"木械马"一类的玩具，很受欢迎。他们家可以说是一个小型的家庭作坊。在农具已经从农家消失，手艺人也越来越少的今天，菅原家族仍在坚守着他们传统的工艺。

客人的订货中有很多新式样的东西，他们每天都要为这些活计而忙忙碌碌。有的作品保持了原材料那白白的原色，有的作品则是用泥染成了灰色。他们也在做着各种新的尝试。他把自己的作品作为观光内容的一环跟这因"武士宅院"而闻名日本的角馆镇紧密地联系在一起，在镇上举办的土特产展示会上为远道而来的客人们现场表演。特别是最近，这种工艺已经被镇上指定为"技术保护项目"，他们也在技术的保存和培养继承人方面得到了支持和援助。

菅原昭二口述

我做的笼筐是挎在腰间下地干农活时用的，有插秧时用的，也有撒豆种时用的。我的笼筐不是用竹子编的，它是把一种叫做木橇的树劈成小条来编的，木橇是枫树的一种。这种手工编的笼筐在从前是以农具为主的，在我们这里，筛米或者筛豆子用的簸箕是用它编，钓鱼人用的鱼篓也是用它编。木橇具有很强的耐水性。

因为我们那里冬天多雪，而且雪量也大，竹子很难生长，所以，被用做农具的这些笼筐都是用木橇来编的。还用它来编马呀狐狸呀什么的当玩具给小孩子。据说这种木橇手编工艺从很早以前就有了。我听说从前武士们是把樱树皮手编工艺作为副业的，而这种木橇树的手编工艺是与樱树皮工艺同时期传到我们这里的，后者作为一般农家的日常必需品曾经广为普及。

现在，我们这儿做这种手编工艺的人已经越来越少了。虽说一大部分是被塑料制品所代替了，但更准确地说是手艺人太少几乎没有了。角馆镇目前一共就只有五六个人还在做这个。一个手艺人从学徒到能独立干活可不是一两天练就的，那可是一条漫长的道路。

要问这种工艺最开始是怎么传来的，说法众多。常听到的一种说法是，从前，在山里住着土匪，那些土匪们常拿着他们编的笼筐到山下来换稻米。慢慢地在民间也开始有了编笼筐的人。

木槭工艺最大的特点就是它具有很大的弹力，而且结实耐用，它的结实程度是竹编的好几倍。木槭的树质很坚硬，即使是被水浸泡了，也很快就会干，而且还不容易发霉或长毛。

从前，插秧要插一个月左右，盛秧苗的筐子整天都泡在泥水里，可即便是这样，筐子既不会烂也不会生霉。

这种笼筐在使用的过程中，时间一长其表面会变得油亮亮的。现在，我们的头脑也已经变得很商业化了，从前要经过很长时间的使用笼筐才会变得油亮油亮的，但是现在为了让它们看起来美观，我们在编出来以后马上就会用刨子把表面刨光滑、刨亮，这样看上去很诱人。而在过去全都是经过人的使用，慢慢地才会变得油亮亮的。

笼筐如果破了洞或断了线，编编补补还能接着用。总之，这种东西是很耐用的，毫不夸张地说，我们编的笼筐是可以用一辈子的。

因为原材料是如此的结实，所以，我们现在还用它编椅

菅原制作的木槭编工艺品

子。就连这些笼筐如果你要坐上去也都没有问题。

我是跟着父亲学的徒，继承了下来。到我这儿已经是第三代了，现在我的儿子也在编。

客户就是设计师

虽然这种手编工艺并不是非得父子才是传承的条件和资格，但是，不可否认，我从小在父亲身边一边玩儿一边看着他干活儿，所以，好像在玩儿的过程中自然而然地就学会了。

从别的地方来学徒的人也不一定学得慢，但还是会有一定的过程，要想一下子掌握它还是很难的。首先，干这个很容易弄伤自己，因为又是劈树条，又是刨光的，使用的又都是很锋利的工具。

关于笼筐外形的设计，我们自己当然也做，但是，有一半以上是按照客户提出的形状来编的。这样的话一来客户满意，二来我们自己也能长见识。

编的方法各种各样。我从年轻的时候就开始收集编的方法了，现在手里有二十几种。

这些编法里没有一种是从竹编手艺人那儿学来的。只要是自己看到的，又认为不错的，就尝试着自己动手编，那二十几种编法就是这么积累下来的。

材料除了木槭树以外，还用野漆树。但是，野漆树弄不好会粘在身上发痒难忍，所以，用它来编的人很少，但是，我丝毫也不在乎被弄得浑身发痒，早已经习以为常了。

编簸箕，主要是以野漆树为主。另外，蝙蝠槭树（也是枫树的一种）也是常被用做材料的一种树。

这些树，它们树干的颜色不同，坚硬度也不同。使用上的区别嘛，并不是因为一种材料不够才用别的来代替的。这些材料有的很容易编，而有的就很难编，卖的时候，价钱也不一样。容易编和不容易编的我们都做。

木槭树和枫树虽然同属于一类植物，但它们是有区别的，这个区别可能在一般外行人是看不出来的，至少外表是看不太出来的，只有到了秋天，你会发现木槭树跟枫树最大的不同就是它的叶子只变黄而不变红。

我们用的材料有的是自己上山去采，也有的是请山主帮忙砍下来，因为要到山里很深的地方才能找到理想的树材。树是根据其生长的方位地点不同，表皮的颜色也会不同。而且并不见得树越大越好。

当材料用的话，树的直径在二寸五到三寸的最合适。树的好坏一看就知道，健康的树不会歪歪扭扭，都长得笔直。

砍好的树都是绑在自己的后背上背下山的，很沉很沉。一次背下来的材料差不多够做二十几个笼筐吧。

木槭树在长满天然杂木林的山上很容易找到。在人工种植的杉树林旁边是不会有的。秋田县有很多橡树和毛樟树的山林。长在毛樟树山林里的木槭更好一些。叶子很小，只有婴儿的手那么大。进山找材料虽不会遇到熊，但一定会遇到羚羊。羚羊是不袭击人的，见到人会立刻跑开。

备料的时候我们是把树从里往外劈，而竹子是从根部往上劈。我做给你看，然后告诉你整个工艺过程。

编的时候，如果材料太干燥是不好编的，尽量不晒它，让它保持树体中原有的水分。

这棵树是我五天前刚从山上伐下来的。这样的一棵树大约可以做一个笼筐。

第一道工序是先把树劈成八瓣，先劈两半，然后再劈两半，要把每一小瓣上的芯都去掉。中间的芯里积存着树在幼年时留下的一些余枝的节眼，所以，要把它们都除掉。把这些去了芯的木条都劈成相同宽窄的条条，大约从一瓣的木条上还要再劈出十条。用柴刀劈的时候，不是从上至下，而是由下往上来劈的。俗话说：劈木头要从里往外，劈竹子要从根往上。劈的时候一定要垂直地劈，用柴刀从上往下劈也可以，如果枝条很细的话，就把柴刀放在下面，把枝条架在柴刀上，从上边一下下地敲打枝条也能劈开。现在，每年都在搞大面积杉树的人工造林，所以，木槭树这些野生的植物已经越来越少了，年年都在减少，但还不至于完全消失。而且，如果这座山的树伐完了，还可以到旁边的山去，旁边的也没有了，就到更远的山去。木槲这种植物一经砍伐马上还会再长出新芽，而且它们成长得很快。

经过二十五年山会再还原

山上的植物从萌芽到成材需要二十五年的时间。

还回到槲树的打编上来吧。劈树条的时候要求每一根树条的宽度都是一样的，这个程序看似简单，其实并不容易，都要靠左手的感觉。树条的薄厚，要刮得没有了凹凸才算合格。要想把这个做得很满意，至少也需要四五年的修炼。在这四五年的时间里，还需要掌握一些其他的备料工艺。

劈树条用的柴刀，过去叫做"工艺柴刀"。它比一般的柴刀要直，普通柴刀的头比较宽，而这种工艺柴刀是直的，刀刃是单面的。

编的时候，脚起着很重要的作用。年轻的时候连牙都能派上用场，树条很薄的时候，用手不太容易抓住，只好用牙

打编之前需要把枫树撕劈成很细的条，手艺
人的脚是很重要的工具

来咬住。现在，人一上了年纪，牙也不好使唤了，两颗门牙已
经换成了假牙，假牙就更用不上劲儿了。

编木械笼筐这个工艺我是跟着父亲学的，弟弟也是父亲
的徒弟，他现在也还在编。械树的刨面上也是有年轮的，很
细很细。而且，越细就越好劈。一般一棵树芽经过二十五年
就又能长成一棵树材了。一根根的树条劈好了以后，再用一

把我们叫做"反向小刀"的工具来净"树身"，也就是刮掉那上面多余的东西，为了编起来更顺手。这种"反向小刀"的刀刃跟普通小刀的刀刃方向是相反的。这种刀在一般的五金店里是没有的，需要特别定做。

值得庆幸的是，现在还有人在打制这种小刀。笼筐编完了以后，还要用小刀整个刮一遍，这样出来的光泽才会更好。可别小看这最后一道"刮"的工序，刮与不刮，出来的效果截然不同。

我十五岁开始跟着父亲学徒，一直没停止过打编。十五岁那年我就编出成品来了。那时候我经常把编好的物件背在肩上走街串巷地叫卖，有时候换回红小豆，有时候换回大米或苹果，走到哪卖到哪儿，换到哪儿。

编的人还要负责修理

从前出门叫卖，最多的时候是物与物的交换。遇到有现钱的人家，要么卖笼筐，要么卖身上背着的其他用笼筐换回来的东西。然后一身轻装地回家。卖得最多的还要数簸箕，有时一天能卖十几个。一个簸箕的价钱跟一斗五升米（约合二十七公升）的价格是相同的，按现在的价格就是一万五千日元（约合人民币一千元左右）。过去，在上街叫卖的时候，碰到曾经买过笼筐可已经用坏了的主顾，就帮他修一下。所以，出门的时候工具都是不离身的。当然，所谓工具也只是一把锥子、一把菜刀再加上一把花剪而已。

我来编给你看看。手里正在编的这个用的是"网代编"，编的时候要一边喷着雾气一边编，这样树条才会柔软，当然在水里浸泡一下还会更柔软。封边用的也是槭树条，比编笼筐用的树条稍窄一些。我编的笼筐从筐体到筐边儿用的都是同一种材料。编簸箕的时候，就不是一种材料了，得用好几种材料。比如，拐弯的地方要用樱树皮，其他的部位还有用弯竹（一种形状弯曲的竹子）的，两侧要用藤蔓皮，等等。总有人问我干这个辛苦不辛苦，这么多年了，已经不觉得苦了。现在就想能尽量做更多的东西。

我们一年到头都在不停地编，做的数量和种类也不少。只是它们当中很少是像过去那样用于农业上了，购物用的篮筐和插花用的小花篓居多。

　　　　　　　　　　　　　　　留住手艺

打编的时候，完全看不出材料是枫树

　　我们这里的女人们也有在编的，她们也都知道编的方法。但是，年轻人都不做这个，最年轻的可能要算我的儿子了，他今年也都四十六岁了，我算是最年长的吧。因为经常上山，所以，我的腿脚还都很结实。

　　我们面临的一个最现实的问题就是，在原材料还没消失之前，手艺人却有可能先消失了。我们那里现在一共只有五六个人在做这个。从前最多的时候，四十几户人家都是做这个的。现实生活中用它的人也越来越少，这些簸箕和笼筐一天能卖掉两个就已经很不错了，过去一天能卖掉十个以上。

一个笼筐卖一万五千日元。编这么一个要花的时间是十个小时以上，还不算去采材料的时间。你们说这个价钱用时间换算的话合算还是不合算？我编的时候，都是坐在垫子上，因为经常有客人来参观，所以，就这么一边干着手里的活计，一边跟他们聊天。

如果不被时间约束，又备好了上等的材料，那么，我真想花时间做一个最漂亮最满意的物件。一件好的作品，从备料开始就需要精精细细，每一根树条都削得很细很均匀的话，是需要时间的。当然，那样出来的作品一定是光泽亮丽，材料匀称，也要求原材料必须是最好的。

美国的印第安人也有这个工艺，过一阵子我还要去那里给他们表演呢，教他们编玩具马，因为那个最简单，也好学，美国也有木槭树。

（1994 年 5 月 22 日访谈）

　　　　　　　　　留住手艺

拾

漆树的汁液能治消化不良

刮漆匠　岩馆正二

（1924年1月1日出生）

导　语

　　岩馆的家在东北地区的岩手县二户郡的净法寺街，它位于岩手县的北端，靠近青森县。这个地区因出产生漆而有名，生漆是维修国宝时不可缺少的涂料。净法寺街有奈良时期开祖的名刹天台寺。正是这些寺院在当时都生产作为日常生活用品的漆器，再加上这些漆器的维修，才使净法寺的漆业得以发展。江户时代，"南部漆"作为一种品牌也是相当出名的，在当时曾经得到了藩政府的保护。这里的风土和气候，作为漆的产地再合适不过了。

　　现在，在净法寺街还有近三十位刮漆的技师。岩馆就是净法寺街漆料生产工会的会长，同时，他更是一位现役的刮漆师。他家就在街的中心地段，家门口挂着他们那个工会的牌子。

在把我让进屋里以后，岩馆边指给我看了几组数字，边告诉我，国产漆是如何如何的不够。过了一会儿，他端来了一种闻起来很香的像咖啡一样的饮品，说是用漆树籽磨成粉后冲泡的。岩馆那木讷寡言的样子，让人立刻想象出一个终日游走于山里，默默无言的刮漆人的形象。但是，岩馆却有着让我感到意外的另一面。作为工会的会长，他经常要接受一些采访，有时还当一当爬山向导，那时候会给人家介绍一下自己的工作。他是现役的刮漆师，同时他还积极地尝试一些新的事物。

迄今为止，这座小城的漆器原体（器皿没上漆前的状态）都是从别的地方买来，由他们来上漆而异。而岩馆在考虑试着买来削木料的机器，以便自己也能生产这些原体，他还在考虑怎样才能二次利用伐倒了的漆树（过去，渔师们曾经用它来做鱼网上的浮漂）。在得到了国家资金方面的援助以后，他又得把一部分精力投到培植漆树林上。他带我看了长满漆树的山林，还给我演示了刮漆的技法。

刮漆看起来只是一种简单动作的重复，但是，根据技师们手艺的不同刮出来的漆液也会有很大的差别。盛夏季节，游走于山间的万树丛中，一点点地收集漆液，他们的这种工作实在是不容易。每割破一处，也就只能流出很少一点儿漆液，所以，他们都是一道一道地割，再一点一点地收集。收集下来的漆液放进自制的容器中，那是一种用树皮做的圆筒。岩馆在几棵树上给我做了演示，然后就带我去看他们上漆用的作坊。几个涂漆师正在那里忙着手里的活计，他们在给一些碗呀盘子之类的东西上漆。岩馆把刚才在山上收集下来的漆液倒进一个大的容器中，才只有那么几滴。他倒得很仔细，一点儿都不想浪费的样子。

我已经感受到了刮漆师们那种执著、认真的职业精神。

岩馆正二口述

你看我这身打扮就是去刮漆时的扮相。这衣服上斑斑点点的都是漆迹，因为刮漆的时候漆会乱蹦，溅在衣服上就像

留住手艺

被烧了一样，时间长了身上穿的衣服就变成这个模样了。不过，一两年的话还不至于，变成这样得花上它几年。过去，我是真拿漆这东西没办法。

我从十三岁就开始了刮漆的工作，开始的时候，真是怎么也对付不了它，拿它毫无办法。过去，我们干活的时候哪有什么手套，就这么探着手去刮，一刮就溅个满手，然后，那双手不留神再碰到身上皮肤柔软的部位，就开始发痒。有时候，睡着了，不知不觉地就会乱抓一气，抓得都能渗出血来。可那时，觉得这工作就这样，理所当然。这么着，过了两三年才算是有了免疫力，慢慢习惯了，也就不再痒了，可有时会隐隐作痛。即便没溅着也有被溅着的感觉，已经有点儿神经质了。这东西，只要溅上一点儿就会觉得火烧火燎的，有点像烧伤时的感觉，还会红肿，但不会太厉害。

你一定要问难道没有涂抹的药吗？有，河里的小河蟹，抓来捻碎抹在上面就管用，还有，采些节节草榨出汁来涂抹在上边也管用。当然最简单的方法就是抹盐，用盐水或者醋酸洗洗什么的。要说特效药那可是没有，但这些方法也都挺管用。

在我们净法寺街，现在大概还有三十多个刮漆师吧，如果连周边小城镇里干这个的也算上的话，总共有五十来人吧。

因为漆的原木数量越来越少了，所以，目前我们已经不能仅局限于岩手县了，有时也会跑到相邻的福岛县、山形县和新潟县去。反正，东北地区的这几个县我们都会去。

也正是因为原木越来越少了，所以，我们从昭和五十三年（1978年）开始着手自己种植漆树林，现在仅净法寺街就已经有一百多公顷了。我住的地区叫二户郡，如果加上净法寺街、二户市和一户街的话，差不多应该有二百多公顷。这些漆树林长成了以后，我们也就用不着再到外县找活干了。

漆工艺的起源应该追溯到藩政统治的年代（江户时期），那时候，漆是作为南部藩的一项产业发展的。南部藩就是今天我们所在的岩手县以北的地区。是因为当时有了南部藩的产业，所以才会一直传到今天。这里的原木从前就比别的地区多。

也许是受了南部藩的强制命令，在那个时候，大多数的农户都种植漆树。这些情况在古书中都有记载。

我们这些刮漆匠人每天都是在山林中游走，跟漆树的主人交涉，说服他们把自己的漆树卖给我们，然后我们再去从那些买下的漆树上刮漆。说实话，这不是件好干的差事，干这行的人也有自己的竞争。我们要苦口婆心地说服那些不愿卖漆树的人，为了让他点头，要不厌其烦地去找啊，说啊。那些不愿卖的人，说到底是想卖个高价钱，所以让我们这些刮漆匠们自己就跟自己竞争起来了。

漆液，到底是怎么来的呢？我们通常是在漆树上划个口子弄伤它，那么漆树就要用自己身上分泌出的液体来治愈，这是一种自然的本能习性，而我们的工作正是因它的这种习性才成立的。那分泌出的液体正是我们所需要的漆液。不了解植物这一习性的人听起来会觉得挺新奇的，可是在从前，从事这行当的算不上什么希罕的手艺人。

师傅是福井县的手艺人

因为我父亲不是干刮漆出身的，所以我的刮漆技术不是来自父亲而是跟着福井县的师傅学的。净法寺当时也有刮漆的工艺，但那时我是想学学福井县刮漆的方法，就入了那儿的门。净法寺的漆艺在明治时期（1868～1925年）一度败落了。

于是，在废藩的同时，从福井县就来了很多的技师，是因为南部藩有大片的漆林。现在，全日本的任何一个有刮漆业的地域采用的都应该是福井式的技法。当时福井县的技师特别多，他们的足迹可以说是遍及全国。因为他们都能从福井县走着到南部（即现在的岩手县，两县距离大约六百公里），所以，他们也一定会到全国各地。

　　漆树也是有大小的，所以，它们的刮法自然也会有相应的不同。漆树在长到直径够八厘米的时候就可以刮了。你今天看到的这棵漆树直径有十厘米，从它身上差不多能采集一百六十克左右的漆液。我手里拿的这个容器，如果装满的话大约是一点四公斤。也就是说我一天要刮一百棵漆树才能装满这个桶。通常的情况下，从同一棵漆树的伤口处一天可以刮三次，而且，隔四天以后还可以再去刮。割痕就好像是记号，这么做也是为了给树以刺激，这个刺激其实就是在折磨它。我们在给树割口子的时候嘴里都会嘟囔着"快点儿出液汁吧……"而那汁液也好像很听话似的，慢慢地开始往"伤口"渗，四天以后，在第五天上我们还可以再去刮，一棵一棵地收集。树的体力恢复大概也正好需要四天。但是，如果赶上下雨的话，树的体力恢复起来会慢一些。从6月10号到9月是我们的刮漆季节，这期间我们要在一棵树上割二十四处伤。这样下来，差不多能采集一百六十克的漆液。像直径十厘米左右的树就算大树了，采集的漆液也多。先刮朝前一面的，等到不再出液汁了就刮背面的。背面能刮到每年的10月25号前后。漆的颜色并不是像我们涂在碗上的那样是红色的或者黑色的，在往器皿上上漆的时候，还要往漆液里加颜色呢。如果想要黑色就往漆液里加铁粉，真正用的时候还要再加些油烟进行搅拌。那么，红色、白色也是一样，只要加颜料就解决了。从树上刮下来的漆液有点儿像橡胶液，是乳白色的。本来，采集漆液也可以像采集橡胶液一样，在树上插一支导管，然后再去采集，但是，那样的话要在树下放好几个盘子才行，效率太低。我们一天要刮一百五十到两百棵的漆树，该出多少液汁也都差不多知道，所以我们还是习惯于在这些树当中来回地转悠，以便尽可能地多采集些漆液。

刮漆用的传统道具

　　我要说说刮漆时用的传统道具。这个叫"镰刀"，是用来刮掉树那粗糙的表皮的。有的树，表皮很光滑，就用不着这道工序。先刮掉一层粗糙的表皮以后才能在上面割伤口。这样做也是为了便于割。这是给树割伤口用的"切槽刨"。这个薄片儿样的东西叫"木刮刀"，渗出来的漆液都是用它来刮的，很好用。

　　树的表面跟背面在补充养分的时候是一样的。因此，只要不把背面伤得太狠，树还是可以活下去的。因为树也是靠呼吸来生存的，伤害它的时候要给它留口气，以不至伤死为标准。因为我们也是靠着它生存的嘛。也有的人还是会把背面割到伤了元气，这样漆树就会死掉了。我们管这种刮法叫"死刮"。但是，你不用担心。砍倒了一棵树，它马上还会从根部滋出小芽儿来。所以，漆树这东西，如果管理得好，栽一回能更新换代几百年呢。

留住手艺

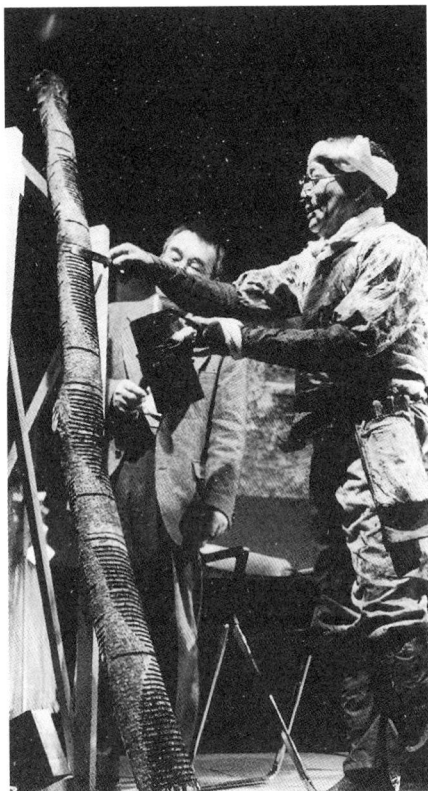

岩馆在示范如何刮漆

刮漆匠　岩馆正二　　221

"死刮"与"养生刮"

"死刮"指的是一棵树在一年内被用尽而死掉。砍倒以后,它的孩子就会很快长出来。也就是说,虽然家长被杀死了,但只要好好护理的话,它们的孩子也会长得很好。总之,资源是不会枯竭的。除此之外,还有一种,就是不把树杀死,我们叫做"养生刮"。也就是不把它刮绝。但是这种刮法带来的经济效益肯定是不好的。通常,我们在树上割伤口的时候,每一段间隔三十二厘米左右。那么,如果采用"养生刮"的话,就要把间隔放到四十厘米,而且还不能割伤背面。

只要留着背面不刮,就等于是保住了树的性命,到了来年还可以继续刮,只是出液的量就少多了。

从前在藩政漆器发展最繁盛的时代,漆的采集量应该是很大的。那个时期,就连做蜡烛用的原料也是从漆树上采集的,就是漆树的树籽。因为树的身上一旦被割了伤痕,它就会感到自己的生命已经受到危害,便下意识地生出很多的树籽以繁衍后代。身上被割的伤痕越多树籽生得也就越多。在那个时代,能用上蜡烛灯的家庭也算是上流家庭了。卖蜡烛

留住手艺

也就成了收益不错的生意。蜡烛是从树籽的皮中提炼的。"养生刮"还有一个含意，就是把那些树在快要死的时候生出的树籽采集起来，并把它们吃进我们的肚子里，这也叫"养生刮"，哈哈。大家刚才在会场喝的那个像咖啡一样的东西就是用漆树的树籽进行烘烤再磨成粉，然后像做咖啡那样做出来的，很益于消化的。但你要说有多少营养，我怕说多了保健所的人要提抗议。战争年代，买不到咖啡的时候，在产漆树的地区，人们都是喝这个。松田权先生（漆艺家，1896~1986年）就曾经在昭和十三年（1938年）申请过专利。他说，从古老的漆树上流下来的生漆液就是一种营养剂，治疗皲裂呀红肿什么的效果特别好。还可以在生漆液中掺些小麦粉揉在一起，我们叫"麦漆"，把它贴在患处，同样很有效。生漆液还能治腹痛、拉肚子。喝的时候把它包在米纸里，直接吞下就行了。对了，我在前边不是提到漆液溅到皮肤上会肿吗？但是，那仅限于皮肤，嘴里是不会肿的。我也经常喝，不过不用什么米纸，就直接把液汁滴在舌头上，然后喝口水就行了，舌头也不会痛、不会肿。

现在，我们那一带的刮漆师也都进入高龄了。四十几岁的人都很少了，大多都是五六十岁的。因为工作本身一是不轻松，二是不赚钱，身上还整天这儿红那儿肿的，所以没人愿意干这个。

再说，去寻找原木，本身也是一件很棘手的事。漆树这东西，你不去管它，它也会自己长大。但是，现在的人们都是把它一下子砍倒，因为对于用不着它的人来说，都觉得它很碍事，又危险，不小心碰上了皮肤还会肿，所以，漆树的原木已经越来越少了。

国产漆的价格是进口漆的六倍

修缮国宝一类的古建筑还非得国产漆不可。所以，我们也深感继承人的问题是一个很重要的问题，我们不能让国产漆断了后。为此，"日本国宝用漆协会"在净法寺种植了三十公顷的漆林，文化厅还给我们拨了援助款，现在，大家的干劲儿非常足呢。

这三十公顷的漆林已经长成了大约六万棵树了。而且，从四年前就已经开始刮漆了。我们工会自己也有差不多三十五

留住手艺

公顷的漆林，再加上一般农户种植的，现在，仅净法寺地区就有一百公顷以上的漆林了。

因为漆树都是种植在山上的，所以，它们的成长也不均等。比如，靠近山顶上的长得比较慢，而山下的就长得比较快。这么多的漆树平均分配在三十多人的手里，一个人差不多能摊上一万八千棵左右，一年里仅仅刮这一万八千棵漆树的话，是远远不够的。我们工会自己还直接收购外面的漆液，有两个经纪人专门到各处去收集。现在我们净法寺这个漆工厂里有六十只一斗大的木桶，能盛三百贯（一贯等于三点七五公斤）左右。卖的时候是以斗大的木桶一只多少钱来计算的。大约一只木桶要卖到八十五万到九十万日元（约合人民币六万元）。所以，作为生意来做的话其实倒也不坏。但是，价格浮动也是很大的，遇到经济不景气的时候就卖不动。这也是我们最头疼的事。

为了培养继承人，我们每年都在秋天和春天举办讲习班，现在，我们已经有很多的树了，所以，慢慢地也开始有人不再到外县去打工，而是留下来刮漆，因为，刮漆也会有收入嘛。我现在就让我的儿子学习上漆，我从山上把漆刮回来，儿子用它们来涂器皿，这样，我们好像就成了一个有来料又有加工的小规模的企业组织。当然，涂在器皿上的漆是用采集来的生漆再经过几道工序的加工才能制成的。

我们是靠着漆树吃饭的。是靠成天折磨漆树、伤害漆树来让自己有饭吃，所以，我们平常都会在自己的心里供养漆树。几年前我们还曾经搞过一次大的法事来祭祀漆树的亡灵。

（1992年10月31日访谈）

留住手艺

拾壹　用椴树皮织出最美的衣裳

纺织工艺师　五十岚勇喜／喜代夫妇

（1935年12月20日／1941年11月6日生）

导　语

有一种叫做椴树的树，山里很常见，从它的树皮里能抽取纤维。过去，在日本全国各地都有用这种纤维做的绳子，也有用它织出来的布做的工作服。北海道的阿伊奴族人穿的民族服装"厚司织"也是其中的一种，它用的原料是一种叫做裂叶榆（学名：ulmus laciniata）的植物。

"椴木织"从树的状态到织成布一共需要二十二道工序。因为其过程既繁琐又费时，所以，这种纺织工艺在日本已经近乎绝迹了。

在山形县的温海镇有一个叫关川的村落，有趣的是这里的村民几乎都是从事这种"椴木织"工艺的。"关川"位于从那个以温泉而出名的沿海小镇"温海温泉"往新潟县的山里去的途中，是一个规模不大的村落。村里的四十八户人家有四十六户都是干"椴木织"的。用学校的旧址改造的"关川椴木织协同组合"是这四十六户的组织。

协同组合的展示厅里陈列着他们的作品，还有一些曾经是过去生活中的日用品。那些机器设备是为了让村民们集中在一起纺线、织布而特别购买的。我去的那天，他们正在一起干活儿。织布机上发出的哒哒的声音和喀拉喀拉地转动着的纺车构成了一个非常热闹和有朝气的场面。

因为这种布做出来的东西防水性强，所以，从前都用它来做田间工作服、手筐和袋子一类的东西，而现在做得比较多的是帽子、和服上的带子、门帘、钱包和手提袋等等。他们织出来的东西充分展现了"椴木织"的那种粗犷的感觉，看上去很漂亮、潇洒。

干这个工作是有明确的男女分工的。在山上植树、养育、砍伐、剥皮的这些体力活儿都是男人们的事。煮皮、抽丝、纺线、织布是女人的事。而女人的活计又因年龄的不同而各有分工。即便是年纪大了，眼睛看不清了，也能凭着手的长年的感觉进行纺线。女人们边聊着天边干着手里的活计。在这里还可以看到那曾经有过的村落集体生活的影子。

伐树是分季节的，并不是说什么时候都可以伐，所以，他们的工作日程也不是就合人，而是就合自然来安排的。

勇喜、喜代口述

我们生活的这个地方叫关川，我们的村子跟新潟县相邻，冬天雪很多，附近有著名的温海温泉，从我们这儿儿开车过去也就三十分钟。

我们的村里有四十八户人家，二百二十多口人。这四十八户中有四十五六户都是从事"椴木织"的。

干"椴木织"有明确的男女分工。进山伐树、剥皮、晒干是男人们的活儿，其余的，一直到织成东西都是女人们的事儿。这种分工是从很久以前延续至今的。

"椴木织"到底有多长的历史，我也说不清楚，但听说至少也得有千年以上吧。其实很多人都不了解"椴木织"是什么东西。你先看看我们的作品，这些作品上的颜色都是天然色。我们把从椴树皮上抽取下来的纤维泡在米糠里，慢慢地它就会泡出这样的颜色，并不是染出来的。"椴木织"最大的特点就是很结实，泡在水里也不会烂。再就是用它做的衣服因为空隙大，所以通风很好，因此，一说到"椴木织"，会让人首先想到夏天。

现在，我们织的最多的是女人们穿和服时的装饰腰带，还有门帘、帽子一类的东西。单纯的织布一般都是各家各户自己干，而其他的商品或工艺品是大家一起在"协同组合"里做。因为完全都是手工制作，所以数量是很有限的。每一户一年也就能织一匹布（六十米长）。这是一个大概的数目。是的，如果是一个人织的话，一年也就只能织这么多吧。并不是没有原材料，是因为干这个要花很多的时间和精力。

实际上织一匹布，用一个月的时间也就够了。但是，在到达能织布的阶段以前，还有二十二道各种程序呢。那里放着的和服腰带，从我们手里出的价是十三万日元（约合人民币一万元），由流通中心转手给大百货店或和服专卖店，价格一下子就能翻两到三倍。一下子就变成了高档品，只有出席大型活动时才会用这种腰带，谁会平时穿呢，那可太奢侈了。

过去，"椴木织"是人们的生活必需品，生活中需要用才织它，织出来的也都是些工作服、盛米的袋子这类的东西。

从木头上取丝

那就先从树说起吧。这种树分布在全日本各地，它是普通的落叶树，哪儿都能见到。只是，不经过修剪和拾掇的树采不了好皮，皮不好就织不出好的东西。我们那里冬天雪很多，也很大，雪多的地方土地就肥沃，植物长得就好，还有，就是要经常修剪，这些都是让椴树长好的条件。过去，织布得来的钱是女人们的收入，尽管男人们伐树、剥皮，但是织出来的布卖了钱跟他们就没关系了。这个习惯到现在还有呢。

椴树是一种很易生长的树，五六十年就能长成一棵粗壮的大树。但是，因为树心是空的，所以，像熊呀那样的动物会栖息在里面。我们的村里有时也会有熊出没，村子附近的摩耶山上就有熊。

我原以为其他的地区也有"椴木织"呢，没想到这个工

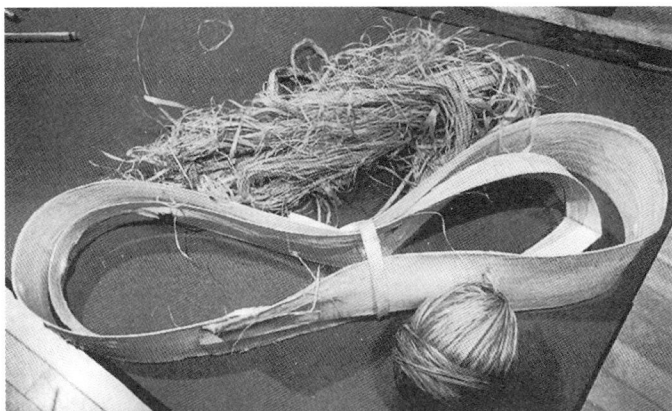

椴树的皮和从它身上抽取的丝

艺只剩下我们了。看来，一是我们那里还有好树，二来冬天有劳动力，再一个原因就是由于我们是一个很小的村庄，大家的关系相处得都很和睦，因为"椴木织"工艺有的部分是需要集体操作来完成的，是这种连带关系把大家拢在了一起，并使它延续至今。

一个村子里有这么多的人从事同一种工作，这在别的地区似乎是少见的。就连平常的生活方式，我们那里也还保留着过去的习惯呢。

你看到的这棵树大概有十年的树龄吧。实际用的时候也都是用树龄在十五年到二十年的。树的底部直径在十五到二十厘米左右的就正合适。每年的 6 月里，有两个星期是伐树最好的时期，过了这个时期树皮就剥不下来了。树砍倒后还要砍下枝条，然后就可以剥树皮了。剥的时候虽然对长度没有规定，但还是剥得越长越好。在这两个星期内树皮是很好剥的，但在这之前之后都剥不下来。所以，我们的工作完全是合着大自然的日历来进行的。

各家的男人都有一座属于自己的山，他们会在那儿砍伐属于自己的树。但是，我们在伐树的同时，还要想着如何给它的第二代创造生长的条件。因为母树一旦被伐，生命也就算终结了，所以，我们要让它的第二代从树根处再生出萌芽来，这样十年二十年后又能成材了。树被伐倒后不久，会从它的根部再生长出很多树芽，我们要在这些树芽中挑选一根最直的，然后进行不断的间伐。只要这样用心地护理、修剪，这棵树就能永远是材。现在，我伐的都是二十年前自己护理过的树。

　　　　　　　　　　　留住手艺

剥树皮是男人们的工作

我手里的这棵树是昨天刚伐的,现在我给你演示一下剥树皮的过程。这是专门的剥皮用的柴刀,是请铁匠专门打的没头的柴刀,单面刃,剥椴树皮就用这种柴刀。皮比较薄的部位是背部,跟它相反的部位就是腹部。腹部的纤维是最好的,因为皮质较厚。平常我们都是从背部开始剥,但这棵树因为伐的时候有点儿早,再加上从昨天砍下来以后到今天已经搁置了一天,所以,皮已经变得不太好剥了。6月是伐树、剥皮最好的时期,山上的树吸足了地下的水分,是最好的状态,我们都是在这个时候去伐。

你闻闻这棵树的身上还留着水的味道,很清新的味道。树皮上还能看到水珠。是的,水分越多就说明皮越好。我伐的这棵是山上长势最好的一棵。皮剥下来以后,抽纤维要用的是树皮里侧的这层嫩皮。外侧的皮只能出很粗糙的纤维,所以没有太大的用途。把嫩皮从粗皮身上再剥离下来,要从反方向来剥,用手将嫩皮卷着向下推,用脚踩住下面的粗皮,这样,能用的和不能用的就分开了。这不能用的粗皮部分可

勇喜在演示怎么剥椴树的皮

以用来打草鞋，或卷起来做个容器什么的。整个剥皮的过程
尽可能地不用刀器，因为那样会将纤维割断。但是，在剥皮
之前还有一道工序，就是要先把树从中间刨开（树是空心的），
然后展平，这样一来皮就容易剥了。遇到节子多的情况，皮
不太好剥，所以，为了获得好的纤维，在它们的生长过程中，
一定要经常修剪枝条。这才只是刚做完了第一道工序，下边
还有二十一道呢。

　　剥下的皮把它卷起来，晒干。树皮一经晒过以后颜色会

　　　　　　　　　　　　　　　　　留住手艺

变得很不好看。每年我们差不多都要剥七贯（每贯约三点七五公斤）重的树皮，二十七公斤左右吧，需要十五棵好的树。

被伐倒的树也不会有丝毫的浪费。除了剥下的皮是作为"椴木织"的材料以外，那不能用的部分可以当柴薪来烧，中间其余的木头是冬天取暖的好材料。

另外，现在有些工业实验厂还用那样的木料来雕些装饰品木刻，也有的用它来做杯垫，因为竖着切成圆片儿正好是杯垫的形状。所有这些工序都要在梅雨期结束前完成，等到雨季一过就要开始晾晒了。所以，这个季节我们最关注的就是天气预报，雨季结束前的两星期是关键。

纺丝是女人一生的工作

男人们做完了上面说的几道程序以后，剩下的就是女人们的事儿了。

剥下来的皮放进铁桶里，再放上树灰就烧起火来煮。最好是加栎树或者山毛榉树烧成的灰，但是，也可以用椴树的，因为椴树在冬天用来做取暖的木材，所以，它的灰也可以用来煮皮。树皮经过这么一煮就会变软，再经过用手搓揉，它会分解出几十张的皮，就像是树的年轮一样一层一层的。然后再把这几十张的皮一张张地剥开。接下来是要把这些剥开来的皮泡在米糠里。这大概是古人的智慧，用米糠一泡，用灰煮过的皮在恢复其原色的基础上，还能使米糠的颜色有所体现，出来的皮会更漂亮、更有光泽。米糠呀树灰呀这些东西都是利用自家现有的。过去的人真是有智慧。"椴木织"的过程从头到尾都不需要买任何材料，用的都是自家现有的，现在还是那样。但是，用米糠浸泡这一程序跟温度有着很大的关系，9月是最合适的季节。

经过树灰煮过的皮已经不是硬邦邦的板状了，所以，就竖着来撕它们的纤维。然后再浸泡，再晒干。往下就是女人的工作了。要先拉丝。拉丝的时候皮一定要保持在湿润的状态下，宽度在三毫米左右。没有工具，工具就是自己的指甲。这样一条条地撕拉下来。这样长的丝叫竖丝，它的长度跟树的长度是相同的。所以树养育得好坏决定了丝的好坏，树好丝也会很直、很长。拉好以后，把这些拉好的丝捆成一束一束的就要晒了。晒完再用水泡，泡后再晒。椴树皮的丝线就

238　　　　　　　　　　　　　　　　　　　　留住手艺

椴树的丝要上捻

是经过这样的泡了晒、晒了泡的过程，颜色才会越来越漂亮。而且，用它织出来的帽子、鱼网也才会结实耐用。

纺线就是把拉下来的丝纺成一根整线。织出六十米长的布至少需要两万米长的线才够。纺线的时候不能用系扣来连接，多小的扣都不行，因为有扣的话，织出来的布上会出现疙疙瘩瘩的结。所以，在接线的时候要捻着接。在接头的地方，上一根的线头儿如果很细，那么。就把细的一头儿劈开，夹在下一根线头儿里，下一根线的线头儿也劈开，交叉着左一夹右一夹，用手捻捻就算捻到一起了。接头儿的地方既要让它结实，又不能出现粗细不均，否则，织出来的成品就不美观了。所以，看似简单，真正做起来还是需要有一段熟悉的时间呢。这样的活儿一般都是老奶奶们做的，她们会边聊着天，边凭着手的感觉就把线搓上了。冬天，也会一家子围坐在暖炉边上搓线。

在我们那里，到了冬季，也就是从 11 月到第二年的 4 月，全村的女人们都在家搓线。到邻家去喝茶聊天也要带上手里搓着的线，边聊天手里边搓线。

总之，这个活儿就是要时间。没什么事干的老奶奶们一般从早上一起床到晚上睡觉为止，一天都在那儿盘着腿不停地搓。其实搓线也是锻炼手指关节最好的运动。所以，我们关川村没有一个半身不遂的病人。搓好的线团儿差不多有一只手能握住么大，要搓十八个这样的线团儿才够两万米长。线团的形状有点儿像洋梨吧，上小下大，这是为了能让线团儿站得住才绕成这样的形状。绕线团儿的时候也必须让线在湿润的状态下进行。线团儿绕好以后还需要再捻一遍，是为了织布的时候好织。这次再捻的时候，是把线团儿放在捻线机上，捻线机是由一个大圈和一个小圈组成的，线在两个圈

线捻好以后，就可以织布了

当中来回转几圈就捻均匀了。

捻过以后，把它们缠在麻秆儿上，我们用的麻秆儿是芒麻的茎。在秆芯插上一根铁棍，铁棒的粗细正好是插进麻秆芯掉不下来就合适了。捻线已经是第十四道工序了，要一圈一圈地捻，得捻几百圈才行。用捻线的次数来分竖线和横线。捻的次数多的用做竖线，横线捻上几圈就可以了。这样的活儿在过去都是集体共同操作的。说好今天在谁家，那么，就去五六个人到那家里去捻。

线捻好以后，就该往织机上架了。也就是把线分别架在横线和竖线的框子里。

整理一下就可以开始织了。

村里的自然日历

"椵木织"跟季节有着密切的关系。跟农耕期忙闲的衔接也很恰当。这也是"椵木织"能一直延续到今天的一个原因吧。

每年的 4 月，当冰雪融化了以后，就是进山采摘第一茬山野菜的时候。采完了农耕也该开始了。等种完了田，第二茬山野菜，像槭菜、竹笋这样的又可以采了，这个也完了以后，就到了砍伐椴树的时候了。伐了树，剥了皮，就到了盛夏时节，休息一段时间以后，一进入9月就可以煮树皮了。接下来，等割完了稻子，女人们就该真正开始"椴木织"的工作状态了。

现在，为了表演给来观光的游客们看，我们的"椴木织中心"一年四季都在不停地织呀、捻呀，进行着一系列的加工作业。从前是完全合着季节进行的。

托大家的福，"椴木织"的需求有了很大的增长，这是难得又值得高兴的事，但是，目前的生产量却跟不上。这是一个难办的问题，主要是因为没有继承人。

过去，嫁到关川来的新媳妇，第一件事就是要先学会这门手艺，否则会被人看不起。所以，她们都很认真也很用心地学，当然也吃了不少苦。现在的年轻人，到底是时代不同了，绝不能吃苦，也不会做一点委屈自己的事。继承人的问题也许就出在这里吧。

"椴木织"是我们关川人的骄傲，它能让各年龄层的人都能找到用武之地。这是个已经传承了好几代的工艺，真想让它作为我们村子的代表工艺，再延续得更长更久。

（1995 年 5 月 14 日访谈）

留住手艺

手编工艺师　长乡千代喜

（1932年8月24日生）

导　语

　　长乡千代喜住的地方是福岛县大沼郡一个叫三岛町的地方。如果开车去的话，走磐越高速公路从"会津坂下"出口出来，再沿"只见川"向南，三岛町就在那一带的山上。坐火车的话，是坐国铁的"只见线"在会津宫下车。

　　三岛町自称是工艺品和民间手艺品之镇，整个镇上都充满了"民间艺术"的氛围。镇上的工艺馆里展出的都是当地人制作的木制品、圆木筒、舀子和用蔓条编的编制品。

　　长乡的作品是用野葡萄蔓编制的筐、手提包和篮子等。使用草和树蔓编制的东西在日本的各地都有，比如，用通草、葛草、攀缘茎草、木天蓼草、紫藤，等等，这些都是编制的材料。在这众多的材料当中，属野葡萄蔓最结实，也最不好处理。

留住手艺

但也正因为如此，用它编出来的东西给人的感觉是既结实又朴实无华。而且，用的时间越长，它还会光泽熠熠，更有味道。

从前，那些在山野里从事农活的人们都是自己从山上采回野葡萄蔓，然后动手编制一些箩筐用来盛柴刀、小农具或者野菜什么的，这些筐子都非常结实耐用。

长乡的工作正是延续了从前那些山人们所做的。他跟他们一样，也是自己到山上去采回所需的蔓条，再用它们来编制笼子、筐子等。外形是根据订货人的要求来设计，客人的要求也是很正规的。有人要求斜着编，有人希望用粗糙的蔓条，也有人希望编出细腻的感觉。虽然样式五花八门，但是，编法是最传统的。

长乡的家是从三岛町的镇中心沿着大谷川一直向深处，一个叫间方的村落，他的房子就坐落在山脚下。长乡工作的地方在起居室的旁边，是比起居室稍低一点儿、铺着木地板、正面是大玻璃窗的房间。在面向玻璃窗的地上放着几个坐垫，这儿就是长乡干活儿的地方。左边摆放的是编筐时用的木头模架，周围还有一些大小不同的架子。右边，那个架着台灯、两层高的木架子上，整整齐齐地摆满了各种各样的工具。坐垫的右侧放的是盛满水的塑料筒和洗手池。蔓条需要保持湿润，否则太干了是无法编的。除此之外，还有鞣皮子用的棒，那是由一根圆木在中间插上铁棍制成的。野葡萄蔓一束束地根据它们的粗细分别系拢在一起，很粗糙且凹凸不平，看上去好像很难对付的样子。这里一年中，差不多有半年的时间山都是被雪封着的。长乡也就待在这个地处山间的房子里，边听着广播节目边编他的活计。他最大的乐趣是去采集蔓条，或是去调查蔓条的生长状况。漫步在山间对于他来说是一种享受。有时候，冬天他也会穿着滑雪鞋进山。除了用野葡萄蔓编制筐子以外，他也制作踩雪用的鞋套（是一种用藤条做的套在鞋底下的套，形状扁平，有防滑作用）和藤猫玩偶。

因为订他货的人多，所以活计总是做不完。

长乡千代喜口述

我们镇上在昭和四十九年（1974 年）开展了"大兴镇业"的运动，这其中的一个号召就是利用纯天然的材料做点儿什么。

那时候，以"生活工艺运动"为名，云集了很多做手工艺的人。

这些手工艺如果大致分的话，有木工和手编。手编中还有人是编过去女人们在地里干活时用来背东西的带子的。编制工艺里除了我用葡萄蔓以外，还有的人用木天蓼草编些筐篓之类的。也有的是用一些不知学名而只知土名的草。也有人用蓑衣草编，这种草能长到三十到四十厘米长，生长在大树林中背阴的地方，最易繁殖了。用这种草可以编一些手提筐或蓑衣什么的。

当时搞那个运动的目的是为了提高整个镇子的经济效益。我们那时曾幻想着把这种手艺作为一个产业来发展，但是真正做起来也并不那么简单。现在，专职做这个的也就剩下三个人了吧。 其中编野葡萄蔓的就只有我一个人。想学的人倒是也有，一说到继承人的问题，当然都希望年纪轻的好，可偏偏年轻人又都不愿意干这个。来学的也是四十几岁的人居多。今年冬天就有两名女士来找我说想要学，所以，目前倒还不用担心后继无人。

前些日子我得了个县知事颁发的"卓越技能奖"，就因为我是野葡萄蔓的工艺师。

在福岛县，因为会津这个地方靠山很近，所以，有一些得天独厚的天然材料。我也记不清我是从什么时候开始编野葡萄蔓的了，大概有十五六年了吧。年轻的时候从没想过要做这样的工作。那时候，也跟现在的年轻人一样充满了幻想。想到东京去发展，干出点儿名堂来好风光风光，其实是有点儿没有自知之明。后来因为父亲死得早，我也就哪儿都没去，留了下来。

早先，我爷爷是干伐树的。那时候，他们用来装大锯、饭盒等东西的背筐都是用野葡萄蔓的皮编的。还有装柴刀的刀鞘、砍草用的手镰刀的套、装磨刀石用的小筐等等，都是用野葡萄蔓编的。我小时候镇子上没有学这门手艺的地方，不能指望让谁教一教，只有自己看那些老东西，然后再试着编编而已。那时真想过："就干这个干一辈子吗？"四十几岁的时候得了场大病，生那场病以前我一直干的是进山烧炭、伐木这样的体力活，那场病让我一下子没了体力，于是开始琢磨今后该做什么。

主要还是我不讨厌手工制作。所以，马上想到的就是用这种葡萄蔓编东西。那时我就想，难道不能利用这样的材料

长乡编制的作品及其原材料野葡萄蔓

凭自己的手艺做些生活用品吗? 这种野葡萄蔓终究是做不了美术品或纯工艺品那样的东西的, 但是, 用它来编制一些经久耐用的生活用品却是再合适不过的了。于是, 就开始摸索着把它编成具有现代感的家什, 听说某个地方有位先生是编这个的师傅, 就想去他那里学学, 可后来有传闻说那位先生很固执, 不愿意教学生。正在为难的时候, 一个偶然的机会看到了别人编的样品, 对我启发很大, 于是在人家的编法上又融入了自己的想法, 就这么开始了我的编制生涯。我编的东西有手提篮、书包、盛饭团的盒子、小的行李包、果盘、放湿毛巾的托盘等等。

我为什么会这么钟情于野葡萄蔓呢? 就是因为做这个从到山上去采集材料到编制完成一个东西, 这一系列的工序全部都是一个人就能完成的, 这个是我最喜欢的。

开花时节是采集材料的好时候

割野葡萄蔓的时节比较难掌握, 采集的时间也很短, 而且很微妙。那么什么时候是最佳采集时间呢? 我一般是瞄准

6月刚一进入黄梅期的时候。特别是编手提篮用的蔓条，更是要在一入梅的头十天里去才能采到理想的。这时候去的话，你能看到野葡萄蔓正直立立地盘在巨大的枥树身上。用柴刀先砍下一块皮，看看时机是不是已经成熟。如果时机还早的话就把砍伤的地方还原不动地放好，过三天再来就正合适了。但是如果来得晚了，皮已经长死，那即便是再剥下来也不能成为好的材料，那样的话，就干脆今年先不动它，等到来年的这个时期稍早些再来。

6月是野葡萄的生长期。这个时期它的整个身体都吸满了水分，剥起来很容易。但是，它生长最活跃的时期还是在开花的时候。如果在那时候上山，用柴刀砍下一节蔓条，水都会从刀口处像泉一样涌出来，喝下一口润润喉咙别提有多舒服了。水带着丝丝的甜味非常爽口。就在这个时候剥蔓条，一定能剥到最好的，而且还能剥得很长。如果遇到特别好的蔓条，它即使是缠绕在高大枥树的上边，我也会爬上去把它剥下来。但更多的情况都是虽然蔓长得很多，但在我看来它并不能成为好材料，我会连碰都不去碰的。这东西不是说只要采下来就都能用。那些我不去理睬的野葡萄蔓会慢慢地结果、产籽，然后再繁殖出新的野葡萄蔓。

葡萄蔓的皮也常作为点火用的引柴，也用做火把，但是这种蔓跟我们用于打编的蔓皮有所不同。用来做火把的蔓皮是树最表面的那层老皮，而我用的是中间的那层。虽说是野葡萄，但是，如果把皮都剥光了它们也是会死的。只要留下一层皮它就还能活，可那样子实在惨不忍睹，像被烫伤了以后，表面肿着，还起着皱。我进山去剥野葡萄蔓皮的时候，如果看到一条很不错的蔓，我会不管不顾地把它们的皮剥得丝毫不留。然而尽管如此，第二年再进山的时候，会发现去年那被我剥得一丝不挂的蔓上又长出了三四个小嫩芽。蔓这东西很皮实长得也快，小嫩芽再过十五六年说不定又能成为好的打编材料了。我认为的好材料的蔓条是碗口那么粗的蔓条。

打编一个中型的篮子仅一根蔓条是不够的，差不多得用三根。因为采回来的蔓条并不是全部都能成为打编的材料，还要进行裁断处理。野葡萄蔓大多都是弯弯曲曲地拧着长的，所以，顺顺溜溜又笔直的能持续四十厘米长就是上等的了。其余的都是些疙疙瘩瘩、弯弯扭扭的。

编制时要用木头模子使其成型

　　我打编的时候除了野葡萄蔓其他植物的蔓一概不用。我们那里有人也用猿梨蔓（一种藤科植物），它比木天蓼草要结实。还有几种类似野葡萄的植物，它们虽然也都结果实，但是都不好用。

　　如果到了7、8月份，材料也还是可以采集的，而且也还不至于硬得卷不动，只是，蔓条的表皮颜色已不够漂亮，用它们编的东西用久了也出不来太好看的光泽。野葡萄一旦结了果，蔓条的皮就剥不下来了。所以，6月，说得具体点，就是在花蕾含苞待放的那些天，是采蔓条最好的时候。

用藤条做的鞋套

除了篮子呀筐子一类的东西以外，我还编踩雪穿的鞋套。冬天在我们山里，那是不可缺少的防滑用具。现在，到了冬天我们还会穿上它去山里干活，如果套滑雪板行走的话，活动起来很不方便。

编鞋套，我一般用的是藤条(学名：clethra barbinervis)，当然也是用剥下来的蔓条皮来编的，有时也用乌樟树的蔓。这些树都长不高，它是属于那种灌木丛生式的植物。采藤条是在秋天叶落的时候。我们那里到了9月末就已经是满山红叶了。藤条多是生长在松林的脚下，采的时候要到松林的深处才行。我经常会遇到这样的情况，正当你用柴刀一根根地砍蔓条的时候，突然觉得脚下软软的，低头一看，原来是踩到了大大的松茸菇，而且还是好几个，心想"这可是山神恩赐给我的宝物呀"，就小心翼翼地把它们挖出来带回家，用荷叶包起来，放在地炉的炭灰里蒸烤，然后用它下酒，味道真是鲜美极了。秋天时常会有这样的好事，你说我怎么能不总想进山呢？

说着说着就跑题了。我们还回到刚才说的鞋套上。脚踩着的部位我也是用野葡萄蔓编的。现在，这个部位有很多是用尼龙绳编的，其实也很结实。我用葡萄蔓也是因为它结实耐用，久踩不烂。鞋套后边用来连接鞋和套的绳子，我是用椴树皮编的。

树皮剥下来以后，埋在泥土里，用脚踩踩，让它表面烂掉，等它只剩下纤维，然后取出来吊在房檐下晒干，就可以编了。我们那里也有人用它编篮子、筐子什么的。

鞋套下边的爪子是用孢树的木料做的，这种树能培植出蘑菇，木质也很硬。因为如果不硬的话，磨损就很快，再加上在雪地里穿的这种鞋套是完全不能使用铁钉的，所以，一定要用这种坚硬的木料。但现在，用这种编制的鞋套的人已经越来越少了，很多人把它饰挂在家里门廊的墙上。人们越来越多地选用尼龙制品了，因为，尼龙的东西比藤编的东西还要结实。只有在过去没有尼龙鞋套的时候，人们才把藤编鞋套视为宝贝，而且，坏了还能修修再穿。

每年6月进山采回来的葡萄蔓要放到第二年过了新年才用，而且，那些在编制过程中多余下来的部分也还可以继续留着，这东西放十几年都没问题。所以，我是趁现在腿脚还结实，尽量地采集，把它们蓄积起来，等到老了不能再进山的时候拿出来编。

打　编

我要给你看一下打编的过程。其实再简单不过了。这个打编的顺序其实是很单调的，没有丝毫值得炫耀的地方。其实，蔓条的打编难就难在材料的采集和裁断上。今天我给你示范一下怎么编手提筐。这些材料都是去年春天采集的，用的时候要把它们先在水里浸泡一下。编的时候就在这个木头做的筐架子上，围着它编就可以了。没经过鞣皮处理的蔓皮是很硬的，也不平整。所以，在编之前先要进行鞣皮处理。我家里有一个专门的鞣皮机，带滚轮的，有二十公斤重。每一根蔓皮的宽大约在十二毫米左右。我说的是大约，我都是用眼睛大概地判断，很少用尺子具体地量。因为在打编蔓皮的时候，蔓皮要保持湿润，所以，我会用一条旧麻袋在干活儿的前一天晚上就把蔓皮包在里面放水里润着。

野葡萄蔓终究跟别的东西不一样，因为它是纯天然的材料，所以，一些疙疙瘩瘩、拐来拐去的地方也可以很好地利用上。如果材料都是很光滑、直溜溜的倒也没了情趣，有些客人还就喜欢用顺其自然的材料进行打编。

打编时我是用不着什么工具的。一把剪花草的剪子，再就是进山采集材料时用的柴刀和锯，有这几样足够了。就是一边往上编，还要一边往下接，像织布那样。我的编法叫"网代编"。我们那里的编法是多种多样的，但我只会这一种，编任何东西我都是用这个编法，从过去到现在从没改变过。

编这种提筐时，要让四个角垂直地立起来，就需要用很大的力气来按住四个角，所以，只有这种木头做的模子架才能承受得住。模子架也都是我自制的，大大小小好几个型号。四个角无论是笔直的还是圆滑的，它们所需要的蔓条的长度倒是几乎相同的，但是宽度会略有不同，角度圆滑的需要稍宽一点儿的。一直编，编到最后，就要封边儿了，边缘要封得好看才行。所以，这里边包的藤条一定要用好的。

葡萄蔓就是这样，用的时间越久越能出来好看的光泽，油黑得都能照人，而且时间长了材质会变软，就更惹人喜爱了。这就是葡萄蔓工艺的特性。

手艺人的冬天

我是真的喜欢打编这个手艺，从没厌烦过。有时冬天干活干得无聊了，就穿上滑雪鞋，带上笔记本进山了。脚下踩着雪和散落了一地的野葡萄叶，我会在笔记本上记下"××山附近的沼泽地长出了好蔓条"等等，到了第二年6月就好去采集了。因为只有在叶子都落了以后才能看清蔓条的情况。穿滑雪鞋还有一个好处，能锻炼身体。所以，在冬天干活干烦了就进山，把蔓条的情况一一记下。对我来说那一带的山就好像是自家的庭园，毕竟住了六十年了，对那里的植物也是了如指掌。冬季看好的蔓条次年的6月去采，我都是这样做的。

长得直溜溜的蔓条有时也不一定就是好的材料，还要看它的厚度够不够和颜色好不好。蔓条由于受生长地带日照的强弱和土质的贫沃等条件的影响会有很大的不同。我觉得身向北方而生长的蔓条都不错，身向北方说起来应该是日照不好的，但我正是喜欢它的那种日照不足的质朴感。

我还有很有意思的事要说给你听，也是关于蔓皮的。像我这样的以打编为生的手艺人需要的是蔓的皮，但是，需要果实的人也有。那些人到了秋天会去采野葡萄的果实，回家酿葡萄酒。其实这些人的这种私底下酿酒的行为是违法的，因为国家对酒和烟是实行专卖的嘛。但是，这帮家伙还是喜欢去采摘果实回家自酿野葡萄酒。他们视我为敌，因为是我把蔓条采走了，没有了蔓条葡萄结的果实就少了。我就告诉他们：我从没采过你们盯着的那些葡萄树上的蔓，我采的都是更深处的，况且，我们这个地区就我一个人是编葡萄蔓的，根本用不着动你们的葡萄树就够用了。他们最近好像也明白过来了，反过来会告诉我：那边儿有好蔓，快去采吧。

用葡萄蔓编出来的东西很结实的，这话从我的口中说出来好像有点儿自夸，但是，如果你是正常使用，我说的可是正常使用，也就是说如果你不是又踩又跺的话，葡萄蔓编的东西是可以用一辈子的。真的，我保证。当然了，有一个条件，那就是如果想让打编的东西出很好的颜色和光泽，一定要选好树，那样也就等于是选好了材料。

编的时候，把蔓皮的背面用做表面的情况也有。有的客人会提出筐子的竖条要表皮、横条要里皮的要求。这样编出来的东西其实也很有意思。因为里皮是不怎么出光泽和颜色的，用久了它会变暗红，而用表皮的那面，慢慢地会变黑，就很自然地形成了一个图案，像格子似的。每一根蔓条接头的地方是看不见的。两根蔓条从里边重合在一起。从外边都看不见。

总有人问学这个需要多长时间。如果想学打编的话，不管编出来的东西是好是坏，总之，有一个冬天的时间一般都能学会。学得快的人甚至都能编出像商品那样上乘的东西。手巧的人进步就快。

其实编这东西还真没什么特别难的，你也看到了，就是这样一直往上编呀编的。那有人会问：到底什么地方最难呢？让我说，还是要算材料的准备吧，因为都是用眼睛来看着裁剪宽度什么的。就是用这把剪花草的剪子。我在家里是先把蔓条在熨压机上压平。一般打编用的蔓条的宽度在十二毫米左右。那些来学习的人刚开始剪出来的蔓条都是宽窄不一的，有人剪十五毫米，也有人剪二十毫米，千差万别。把裁剪这一关过去了，真正到编的时候就一点儿都不难了。

打编一个篮子或者筐我一般需要三天。比较麻烦的是这个提手，有的人要求固定的，有的人要求活动的。给编好的筐子上拉锁、做里衬什么的，是我老伴儿的事，我还没巧到连裁缝的活计都能做呢。总之，全都弄好了以后，这样一个篮子的卖价是二万三千日元（约合人民币一千五百元）。

另外，我还编钱包，这种钱包能装下三百万日元，也就是纸币三百张。因为编篮子或者筐子的时候，长出来的余头扔了觉得可惜，所以，就用它来编些小的东西。我实在是舍不得浪费材料，虽然这些材料都是白来的，但是，对于我来说它们是很珍贵的东西。

我那里，从现在开始两年以内的订货都已经满了，所以，如果你想订我的筐子篮子的话恐怕得等三年。我现在不太想接太多的订单了（哈……）。

我们这些生活在山里的人，是以享受着山的恩惠为生的。就像我用的野葡萄蔓，这些天然的材料都来自山上。因为跟山有了这层关系，所以，作为我们当然懂得要保护它、爱戴它，也才能永远延续这个自然的规律。但是，如果像有些极端的人喊的口号那样，什么"不要碰山川一个指头"，照那样的话，我们这些靠山为生的人还真有点没法接受呢。因为懂得山对于我们的重要，所以我们自然地就会考虑，既取材于它又怎样不使它毁灭。

（1993 年 11 月 28 日访谈）

拾叁　柳编是姑娘出嫁前的必修课

柳编手艺人　田中荣一／丸冈正子

（1934年3月7日／1923年3月13日生）

导　语

从前有一种装行李用的柳条箱，就是在旅行或搬家的时候把衣服等日用品装进去，然后用绳子捆好，或搬运或邮寄就可以了。除此之外，还有比柳条包小很多的用做饭盒的小柳条包。现在这些东西都看不到了，因为它们都被别的材料所替代了。

技术是因为有用才能保留得住，也才有可能流传下去。

拥有制作柳条箱和旅行包技术的人倒是还在，但是，现在没有人用这种东西了，所以他们有手艺但是拿不到订货。还因为能制作这种东西的人几乎没有了，所以，也就没人再去卖那些它的原材料了。杞柳工艺的材料是一种叫做行李柳（学名：Salix koriyanagi kimura）的植物，它曾经是在日本各地都能找到的很易生长的植物。当材料很丰富的时候，可以从那众多的材料中挑选出最好的，然后用来编出最好的物件。在博物馆的展室里，我们所看到的那些做工精细的作品，虽然已经经历了漫长的岁月和诸多磨难，但还是那么漂亮。但是遗憾的是，这样精彩的东西并不是因时代的进步而得到发展，特别是手工艺，倒是相反的情况更多。

日常生活用品的销量是依仗着消费者来维持的。如果有一个地方的齿轮脱了轨，那它就像是陷进了不能自拔的沼泽地，并且会慢慢消失掉。

技术好的手艺人皆年事已高，但他们还在为保存这门手艺而倾注心力。杞柳工艺正是这样。编制花笼，还有买东西用的筐，只是作为一种土特产或工艺品，要让它再辉煌一回恐怕也不那么容易了。这种柳条包的产地在兵库县丰冈市的附近。由于流注日本海的元山江经常泛滥，倒使这一带的生态环境很适合柳的生长。于是，那里一片片种的都是柳。现在，种植还在继续着。丰冈有一个"杞柳制品协同组合"，在那里生产一些供观光用的土特产和工艺品。田中荣一是"协同组合"的理事长。同时，他自己还有一个专门收藏柳编物的博物馆。

他给我讲关于柳树的年代推移，讲他们栽培柳树的经验和杞柳工艺的特征。丸冈正子给我演示了编制小柳条饭盒的过程。这种由麻丝跟柳条的组合而编成的盒子有着不可思议的外形。

田中荣一口述

我居住的兵库县丰冈市但马镇是一个地处山中的小镇。"但马"如果用当地的方言发音的话跟"谷间"的发音（TANIMA）差不多，也正好体现了我们那里的地势特征，周围满视野都是山。志贺直哉（日本近代著名的小说家）那篇著名的小说《在城崎之上》中出现的城崎温泉就在我们那儿附近，还有一条注入日本海的元山江也从我们镇上流过。这条江在过去经常泛滥、发洪水，有时甚至还会一连多日呈现出一片广阔的湖泊状，稻子都会因此被泡烂掉。尽管是这样的地方，杞柳却能顽强地生存，而且长得很好。也许正因为如此，才会有了柳编这个工艺吧。

我知道的杞柳的种类大概有七百多。我们常用的这种叫做行李柳的是专门用来编笼子、筐一类东西的柳。

在我们当地会把柳分成大叶、中叶和细叶三种，根据它们的大小不同而决定了用途也不同。过去，日本各地的柳材都集中在我们丰冈地区，数量有三十七八万公斤之多。那时候，编得最多的是大家都熟悉的柳条行李筐。早在大正年间（1911～1925年）叫"大正筐"，在当时很盛行的。过了不久，新开发了用人造纤维制造的"纤维包"，现在，我们那里已经由从前的行李的"筐镇"变成了"包镇"，比如把筐编成手包的形状或是购物篮子。总之，给予老式的筐以新的变化，都是想方设法地让它能保留下来。这就是我们那里的现状吧。在我们"杞柳制品协同组合"挂名登记的有百十来人，但实际上真正技术好的工艺师却并不多。甚至少得有数。

这些工艺师们大多都到了丸冈这样的年纪了。柳艺在被认定为传统工艺以后，我们也开始把培养继承人作为一项重要的工作来抓，现在，有不少三四十岁左右的家庭主妇都说想学学看，人数挺多，她们还真努力用心地学呢。但是，这种柳艺作为职业又怎么样呢？当然这个工艺要在从前是完全可以靠着它填饱肚子的，可现在，在跟国外那些精美的商品

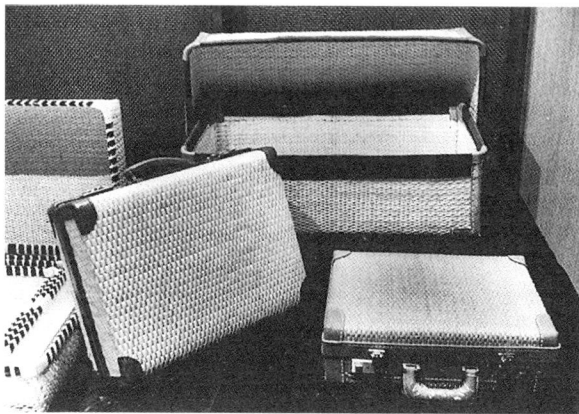

丰冈市手艺人们编制的行李箱

竞争当中，它的命运就不好说了。

我们那里的杞柳工艺据说是在 1552 年前后开始的，当时是作为一项产业来发展的。丰臣秀吉平定全国以后，就在丰冈建立了自己的城池，这项产业也就从那时开始了。

过去曾经把"杞柳"称做"骨柳"，到了近代，日本有了法律，同时又有了"协同组合法"，从这个时期开始，一些学者就研究来研究去这种东西的叫法，最后才决定把"骨柳"叫"杞柳"了。现在要查"杞柳"的语源，会发现"行李柳"在有的地方就被写成"杞柳"。过去，每当战争的时候，丰冈就会承接很多制作大行李筐、将校们用的行李筐和各种军用行李筐的任务，这样的东西在当时都是作为特需品来生产的。包括西南战争（1877年）、日清战争（1894年）和日德战争（1914年）时，这种行李筐都是很畅销的东西。据说还出现过抢购的现象，但现在，这种大筐类的东西已经基本上不生产了。

最高级的是土佐柳

我们编柳艺用的柳是种植在田地里的，它是一种生命力很强的植物。到了秋天叶子都落了以后，把它们收割起来，系成一捆一捆地立在田间，经过了一个冬季，到了第二年的春天，再把它们两三根一组地插在地里，过不了多久它还会生出根来呢，新芽也跟着长出来了。这时，树液开始活跃地穿行于皮和茎之间，所以，皮剥起来就很容易，而且也只有这个时候皮才是最容易剥的。如果错过了这个时机，要么茎秆中的养分流失殆尽，茎秆变得很轻；要么就是时候太早，皮剥不下来。这剥皮的时机真是短如一瞬。把剥了皮的柳茎放在江水中洗去附着在上面的粘液，在荫凉的地方晒干，一定要晒得干透了才行。等一过了伏天就可以拿出来用了。如果用刚刚割下的柳茎来编东西的话，那么，过不了多久编好的东西上就会出现缝隙，所以，在准备原材料的阶段，这些也都要预想进去。并且，在栽培阶段，当柳长出新芽的时候，要将所有多余的新芽全都去掉，只留一根最直最好的，这样柳才能长得好。

但是，由于长时间以来已经没有人愿意出高价钱购买原材料了，于是原材料随之越来越少，现在从事柳编的人只有靠自己种植原材料来供自己编制之用了。

在原材料中当属用土佐（高知县）柳编出来的东西最好。土佐柳是种植在土佐的"四万十川"（位于日本四国南部的著名大河，在日本被称为最后的清流）沿岸的。过去，在我们还要从全国各地收集材料的年代里，从那里寄过来的柳都是剥得白白净净，按照长短不同的规格整整齐齐地分开的。那时候，像火车站、邮局这样的地方到处摆放的都是装行李用的柳条包，堆积如山。

下面我给你说说编制的方法。

编的时候，麻丝和柳是交叉着编的，不习惯的人很容易

留住手艺

剥了皮的杞柳

走形或起波。听那些编大柳条包的人说，开始编的时候，总是不知不觉地把柳条挑到上边来，所以编出的东西就不平，慢慢地习惯了以后，才知道原来柳条是要向下按的，而且需要用力让柳条排得齐，这样编出来就不会起波了。

柳编不像竹编那样，它不是按竖横顺序来编的。编柳条饭盒时，是柳为经，麻为纬来编的。手编工艺中，在我们看来藤编要比柳编容易，就是因为一条藤拿来以后用不着对其部位进行分配就可以编了。可是，柳就不是这样。同一根柳，你可以根据它的粗细不同，粗的那段用来编行李箱，细的那段则用来编饭盒。这样一来，一根柳能被活用在两种物件上。在所有产柳的地方，都会有只用细的部分和只用粗的部分的业者，他们在编制物件的同时，也因这样的分工而使整个地域的原料得到了良好的利用。过去，在全日本各地都有柳田，可是现在恐怕也就剩五六十公顷了吧，最多也超不过一公顷。但这已经足够满足生产需求了。现在，藤编比柳编更受欢迎，而且，藤编在材料处理上也比柳编省事，编的物件还可以自由发挥，所以需求量比较大。

柳编，熟悉它的人都知道，因为柳里边含有一种特殊的成分能令虫子敬而远之，所以，用柳条包来装衣服用不着担心里面的衣服会被虫子啄食。

用柳条盒做泡饭

柳编还有一个特点，它在被水浸过以后会变软，干了以后又会变硬。比如用它盛饭，饭里的水分会将柳条泡大并增强柳条间的密度，能密到看不见缝隙。用它来吃泡饭都不会漏下水来。

过去，信使们都是用它来装上信或文件运来运去的。遇到下雨的时候，雨水虽然淋湿了柳条包，但是绝对弄不湿里边的文件，就是因为柳条包有遇水膨胀的特性。你如果有兴趣的话可以试一试。从前，早上离开家外出干农活的时候，要把用柳条编的饭盒装满饭，而且连盒盖都塞得满满的，上下之间夹些腌梅子呀咸鱼一类的东西当菜。吃的时候先吃盖子上的，因为上边的吃完了就可以盖上盖了。干活干到下午肚子饿了再吃盒子里的。吃不了的，等晚上回到家，孩子们会扑上来抢着吃的。用柳条盒装饭既保湿又保温，一举两得。而且饭还不会粘在盒壁上，总是那么干爽。

所以，现在我们去钓鱼或是登山的时候还会用它来带饭。

使用的时间一长，盒子上会附着些东西把缝隙塞住。但，这跟米饭里的水分使柳条膨胀并使缝隙消失是两回事。从前好像在中国还曾经有过用柳条编的花瓶，装上水插上花吊起来观赏。柳编就是这样不但不漏水而且还有弹力。

过去，当有人调动工作、学生们去修学旅行，这样的时候都是把衣服和用具装在柳条包里来搬运的。住在二楼上的人有时还会把行李从二楼就扔下来了，即便是那样柳条包也不会被摔烂。

观看柳条包的编制过程，乍一看会让人觉得用机器也一样能编。而事实上，大正年间就曾有过一个时期用机器来编，同时将柳编包上的麻丝换成了钢琴上的钢丝。现在，柳编的手艺人越来越少了，我们也在考虑是不是再恢复那种机器生产，但是毕竟用机器制造出来的和用手工编出来的感觉是完全不一样的，况且，不同的手艺人编出来的作品也都有着截然不同的个性，有的人擅长用粗柳，有的人擅长用细柳，他们会把自己的个性充分地体现在自己的柳编上。

在我们当地有编制经验的、年纪跟我不相上下的还有几十人。但是，工艺高超的名将也就两三个吧。其中的一位就是丸冈女士，让她给你讲讲吧。

丸冈正子口述

我可称不上是什么名将，只不过是年轻的时候利用干农活的空闲时间自己学会了而已。我做姑娘的时候，柳编是大家都要学的一门手艺。我今年都已经七十二岁了，在还是小孩子的时候就很熟悉柳这东西了，我是属于看样学样，久而自通的那一类。小时候，农田有闲余的地方，我们就自己种柳，然后想编什么就编什么。

我先给你们说说柳编的顺序。

编柳条包时用的板子（工作台），样子是很普通的，但是我这一张大概已经有一百年的历史了，它可能是用松树做的。这里还有引线和引弓是用竹子做的。在竹子上绷两根丝线，把柳条往上插着编起来就是了。

编的过程中，要用一根竹片来压着正编着的物件，竹片的一头伸到人坐的垫子下面，用另一头来压住物件。这样两只手可以不受影响地自由运用。

编柳条饭盒要用模子，根据所需饭盒的大小，模子的形状也有好几种。柳条饭盒跟普通的柳条包不一样，是用筷子来成型的。

开始编的时候先在弓上绷两根麻丝，这两根麻丝的位置正好是饭盒的正中央，所以要用比其他的丝粗一倍的。把卷着麻丝的竹圈吊在伸手够得着的地方，这样一边拉过丝一边编就很省事了。编的时候丝一定要保持湿润。

　　但凡能编柳条包的人一般是什么样的物件都能编得来的，唯有这饭盒有点儿与众不同。过去，姑娘在出嫁前都要把它的编法学会才行。

　　刚才我不是先在弓上绷好了两根丝麻吗? 就在这两根丝中间交叉着将柳条编进去。粗细要均匀，柳条编完了，再来上一排丝，这么重复地编下去就行了。

　　我开始柳编是在十六七岁的时候，当时用了一个冬天就是编不出个像样的东西，弄不清到底是哪儿不对，就去请教我父亲，在我们那里男人女人都干柳艺。父亲把我一通好骂，骂得我直哭鼻子。我们那里的习惯都是一入了冬就开始编柳艺，其他地方都是在农闲的时候干的。因为丰冈是个雨多雪多的地方，所以很盛行这种在室内就可以搞的副业。男人们比较多的是编那种大的装行李的柳条包，因为东西大，所以他们得在一个大台子上半蹲着来编。而我们女人因为和服的下摆窄，上上下下的不方便，所以就以编小东西为主。

　　要问我一天能编多少个，战争时期，麻丝用得少，所以，一天编百十来个不成问题。那时候编得都比较粗糙。战时的

　　　　　　　　　　　　　　　留住手艺

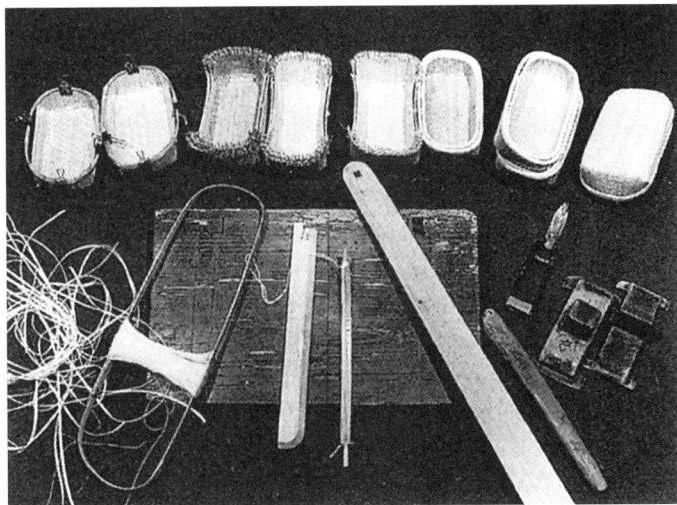

丸冈制作的饭盒和制作时所用的工具

丰冈有过上缴的指令，凡缴够一定数目的人可以在神宫里挂写有你上缴数额的纸片，这也算是一种表彰吧。当然那些柳编都是用做军需的。

在编制的过程中要让柳条始终保持湿润，所以，编到半途都要不停地喷雾气。从前，每一间柳编的作坊里都摆放着几个啤酒瓶，那里面盛着水，编着编着柳条干了，就在嘴里含上一口喷上去，再接着编。就连冬天我们也不用暖气，就是因为怕柳条干燥。那冻得搓着手编柳的情景可以想见吧?

只有这种柳条包饭盒，是用柳条加麻丝来编的，而其他的筐类什么的用的全都是柳条。如果在编的过程中麻丝断了，要系一个不是疙瘩的扣。这里也能体现出麻丝的好处，如果是用尼龙丝线的话，手一滑，再加上它又不会像麻丝那样跟柳条产生相互间的磨擦，就会一突噜到底而前功尽弃。但是，麻丝就不同了，它会跟柳条越磨越紧。用尼龙丝还有一个问题，就是柳编用久了，尼龙丝会越来越松。

　　年轻的时候，我们都是几个要好的姐妹聚在一起边聊天边干活儿，可热闹了。

　　出嫁的时候，新媳妇都要带上作为嫁妆的柳编工具。我那时因为婆家有，所以就没从娘家带来。

　　编的过程中最难的地方就是在成型的时候，本来是平平地编着的，到了一定的长度以后就要把用来成型的木块撑在其中，使劲地使它撑出一个四方边缘。另外，编的时候随着自己的心情变换一下形状什么的也挺有意思的。但说到底还是得有好材料才行，现在好的柳材越来越少了。

　　编到头了，用竹框子合一下形状，然后用竹夹夹住再卷过来，这个卷边儿用的材料不是柳而是藤皮，边缘要留出缝隙来把藤皮织补进去。这个做好了就算完工了。 这个卷边儿的工艺我是跟一位八十六岁的老奶奶学的。过去，我们是不做这道工序的。在卷边儿之前就交活儿了，然后由专门的卷边儿师来做。现在，我自己就能做下来全过程。

我那里没有徒弟，只有一个六十岁的妹妹最近心血来潮想要学。这个活儿我想我是要一直干到底的。

（1995 年 10 月 7 日访谈）

打编手艺人　时吉秀志

（1913年10月5日生）

导　语

　　说到做簸箕让我想起了三角宽（1903～1971，小说家，民俗研究家）曾经在他的文章中提到过一个名为"山窝"（生活在深山之中，不农耕也不固定居所，四处漂泊的人或部落）的团体。很久以前，我曾在宫崎县的山里访问过几个竹编技师，他们都说自己的技艺是从师于"山窝"的。可见"山窝"是一个专门编制簸箕的集团。

　　当我的朋友把时吉秀志的簸箕从鹿儿岛寄到我手里的时候，我就想起了"山窝"。

　　时吉出生在以编簸箕为生的手艺人的部落里，又跟着他的父亲学过手艺。他是那种靠传承学习记忆的为数不多的几例中的一个。

留住手艺

簸箕是用来筛农作物中的空壳或杂质而用的，确切地说它也是农具的一种。

这里说的簸箕形状其实跟一般我们用来撮土的簸箕一样。把豆子、大米一类的东西放在上边左右地筛摇，好的东西全都留在里边，杂物以及垃圾一类的都被筛到了外侧。因为它是日常生活中的用具，所以，在日本全国各地有各种各样的簸箕。有用竹子做的，有用树皮做的，也有用劈开的木条做的，形形色色。同时又因为它也是农家人不可缺少的农具，所以，形状上也都大致相同，但是根据地域的不同所用的材料和一些细小部位的制作还是有些差异的。

时吉的簸箕，是用好几种材料来编的，蓬莱竹、山樱树皮、藤蔓、山琵琶枝等等。竹子有时用表面的皮，有时用里面的皮，做得可真是精细。

他用的材料都是亲自去山上采来的。他的家在萨摩半岛的西侧，鹿儿岛县日置郡金峰町的宫崎，他的作坊就是在他家的背后搭起的小屋。地毯上铺着坐垫，时吉就坐在上边削竹签，编簸箕。作坊的一角放着一个柜子，里面装的都是工具和材料，柜子最底层的抽屉被撤掉了，那里成了他的爱犬——梅黎的家，梅黎跟随时吉上山，它还是寻找山樱树的高手。时吉使用的砍树皮的镰刀、簸箕刀，都是很独特的工具。

这是个非常需要耐性的工作。

眼下定做这种簸箕的人更多的不是用于农具，而是作为饰物或其他的用处，所以，尺寸也都是一些小号的。

时吉今年八十岁，他的身边没有徒弟。

时吉秀志口述

簸箕自古以来就是被当做农具来用的。农家用它来筛分米粒和杂质。又因为它还是吉祥的象征，所以，从古到今一直都受到百姓的爱戴。

你们听说过山幸彦皇子和海幸彦皇子的故事吗？据传说弟弟山幸彦皇子曾经被派往海里做保护神，而哥哥海幸彦皇子则被派往山里做保护神，弟弟不小心丢了哥哥交给他的鱼钩，受到了哥哥的训斥，于是，弟弟毁了自己的刀做了鱼钩，把它交给哥哥以保证今后不再丢失，据说弟弟是用簸箕托着鱼钩献给哥哥的。

另外簸箕还是祭祖活动时常用的工具。

还有，在民间，女儿出嫁的时候，为了保佑她早生贵子，要在她的头上顶一个簸箕，父亲还要在那上边放一杯酒来送女儿。我们这里，小孩子过生日的时候，要在簸箕里放上年糕让他来踩，是为了祝愿小孩子身强体壮。所有这些习俗都是日本自古以来就有的。

在日本最早开始竹编工艺的就是我们阿多地区。从前，阿多、田布施都是一些村子的名字，村改镇的时候，因为我们那里有座金峰山，所以，就取名为金峰镇了。

当时，阿多地区的土地都是属于当地土著民的，是他们在这里最先开始了竹编工艺。这些我也是听一个专门研究竹编工艺历史的先生说的。

我编簸箕用的材料是山樱树的皮。山樱的皮非常强壮结实，即便树枯萎了，烂掉了，它的皮依然完好。把山樱皮编进簸箕里，就是鹿儿岛簸箕的特点。编的时候还要加入一些其他的材料，每个人用的辅助材料都不同，我用的是一种叫"金竹"的竹子，也叫"蓬莱竹"。在鹿儿岛，因为"金竹"

很多，所以差不多都是用它做辅料。从前火绳枪上的火绳就是把竹子外侧的青皮削剥下来，晾干后捻成绳子的。因为很结实。

说起编簸箕，找材料就是一件难事。一般的簸箕用一根竹子就能解决问题了，但是我要找山樱、蓬莱竹以及簸箕边缘部位上用的山琵琶枝，还有紫藤和蔓草这些东西。这些也不是随便哪儿的都能用。老祖宗们认为好的曾经选材的地方，我们现在还是从那里选材来用。材料都采光了，等上三四年，等长出新的以后再来采。现在，山樱的杂木林已经越来越少了。过去，老百姓用它来当烧火的柴禾，也有人砍回去炼炭。总是有人在砍，所以砍掉了旧的不久新的又会长出来。可一旦没有人去砍了，树就顺其自然地长，都长成了大树。樱树的皮只能砍一次，砍过一次以后就不能再砍了，除非极特殊的情况。

去砍山樱树皮的时候，不用跟任何人打招呼只管去就是了。因为祖祖辈辈都是这样取材的，从没受到过谁的阻止和责备，现在也还是这样。有的时候被山主知道了，就跟他说请让我剥些樱树皮，他们也都会同意的。我到现在为止还没

留住手艺

鹿儿岛已经几乎没有编簸箕的手艺人了，现在时吉编的最多的，不是生活用的，而是装饰用的簸箕

遇到过跟我过不去的人。

簸箕的起源我也说不大清楚。我只听说我的祖先是个叫"大前"的望族，他们是打败了萨摩成为望族的。后来败在了岛津的手下，于是开始了逃亡的生活，逃到了深山老林里，估计就是在那时候他们跟"山窝"的人学会了编簸箕的手艺。

那本叫"山窝"的小说中所描绘的就是编簸箕的故事。那个故事中人物的祖先也是编簸箕的。所以我推断我的祖先也是跟"山窝"学的。

不是有用竹子编簸箕的人吗? 据说那些人是"平家"（九世纪时期，由皇室赐姓的贵族）的残党余孽。他们绝不用山樱皮编簸箕。我们才不教他们呢。跟他们好像是一种很敌对的关系。所以，搞竹编的人一般都不编我这种，我也从没碰过竹编。为什么不搞竹编呢? 因为我觉得我的职业就是编簸箕，而不是那种笸箩。

我开始学手艺是在九岁的时候。我们居住的部落有百十来户人家，可是才有两口井，没上小学以前，清晨早早地起来拿个小桶去帮家里提水。上了小学以后早晨是先去割牛草，割回来以后吃了饭再去上学，所以我总是迟到一节课左右，一迟到就要被罚站，那时候我老想，真不想上学啊。后来慢慢地就开始逃学了。父亲见我这样就说："既然你那么不愿意念书，那就学编簸箕吧。"于是，我就开始学编簸箕了。最初，我的工作只是刮破竹（一种丛生的矮细竹）的内侧，父亲把它们劈成四瓣，然后由我来刮掉里面的囊，只留下外侧的皮备用。

再大点儿了就跟着父亲进山去砍伐材料。父亲教给我材料要怎样选，山樱生长在哪里。父亲还再三地告诫我，干这一行一定要精神集中，不得有半点杂念。有时候，我稍一走神，马上就会遭到父亲一顿训斥。那时候我觉得，父亲真是个严厉的人，但在今天看来，如果不是父亲那时候的严厉，我怎么可能成为编簸箕的名人呢，所以还真得感谢父亲的赐教。

过去有不少编簸箕的人，仅我们部落那一百来户人家之中就有五十多人是从事这个的。孩子们作为练手编的东西也都由父亲负责最后收尾，然后在秋天稻米收获的时候，背着那些簸箕到处叫卖。从前到外面去叫卖簸箕的人差不多都是我们部落的人。

现在，我们那里还能编簸箕的人也就剩下三四个了，都觉得这活儿不好干，把它作为生存的依靠还在编的可能只有我一个人了。尤其是这种小号的簸箕更没人编了。这种小簸箕是因为有人想拿它做吉利装饰品请我编，我才开始编的。

簸箕具有不可思议的力量

编大簸箕的时候，材料都准备好的话，底儿差不多用三个小时，边缘用三个小时，合起来六个小时就能完活了。但前提是在所有的材料都备齐的情况下。

边缘所用的攀缘茎是请人专门去采集的，其他的材料全部都是我自己到山里去采。为什么非要这样的材料不可呢？真正用了以后就知道了，筛米的时候，那些夹杂在米里的稻子壳和杂质经过这样左一下右一下的筛摇就都筛到了外边。编这种簸箕用的是竹皮内侧的那面。还有一种簸箕用的是竹皮外侧光滑的那面。那种簸箕在筛摇的时候，米粒会滑落下去，而把杂质留在里面。竹皮也是分表里来用的。

簸箕在从前是日常生活中不可缺少的东西，而现在更多的是作为吉利装饰物了，用它来象征买卖兴隆。有些店铺在开业的时候一定要把簸箕装饰在店里。所以，现在来买它的人都不是作为农具而是用来装饰的：有人盖新房子了，要买一个挂在家里；有人买了新车，也要挂一个装饰在车里。这样的订货还不少呢。

据说它曾经还被用做信号。讲个生活中的小笑话吧。以前，在渔村，那些以打鱼为生的渔民们，常常是深更半夜就起来出海去了。等到回来的时候已经是中午，想跟老婆行房事，就把簸箕翻过来挂在门口，告诉来访的人这家人正忙着

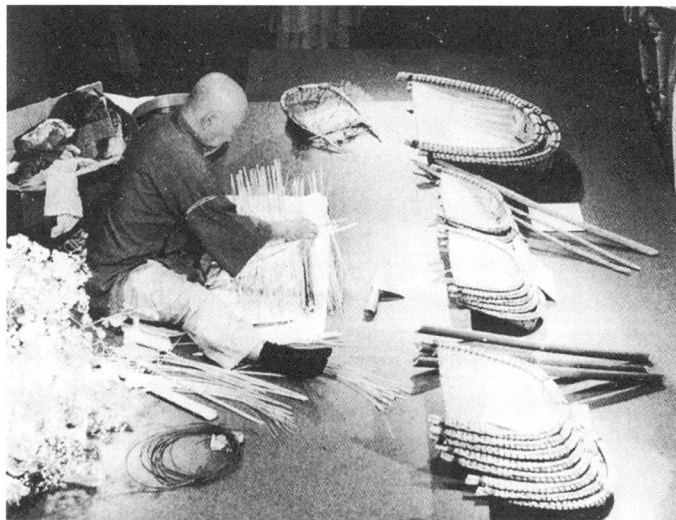

时吉秀志在台上演示手艺

请别打扰。

　　这种簸箕的大小没有固定尺寸，可随个人的喜好而变化，宫崎县那边做的就比较大一些。总之是根据个人的喜好。编的时候把山樱的树皮劈得再窄一些的也有。我们管一根根树皮间的距离叫"间"，数的时候是"一间、二间、三间"地数的。我手里的这个有二十间大吧。现在这种二十间大的比较普遍。稍大些的也有二十二间的。别小看这样一只簸箕，只要不经常被雨淋，被水泡，是能用很多年都没问题的。我在二十二年前做的簸箕现在还用着呢。眼下来找我做簸箕的很多人都是想趁我活着的时候给孩子们留一个做纪念。

材料都是来自山上的恩赐

编簸箕的边缘所用的攀缘茎（很多种攀爬植物的茎）这东西是在自然中自生自息的。但是，攀缘茎生长的周围常有蛇出没，我岁数大了不能亲自去采了，只好委托专门采它的人代采，一般一公斤一千日元（约合人民币七十五元）左右。不过，这些攀缘茎也越来越少了。因为攀缘茎的周围容易有许多水窝窝，而这些水窝窝里又寄生着很多小螃蟹，野猪经常来吃它们，吃了螃蟹还不算，攀缘茎的根也会被它们翻挖出来，啃的啃，踩的踩，有的新芽也都被它们吃光了。所以，最近攀缘茎真是不好找了。又因为它卖不了多高的价钱，却要付出很多的辛苦，那些专门采它的人也都陆陆续续地不干了。现在宫崎县那边好像比我们鹿儿岛还要多一些。

编簸箕用的另一种材料是蓬莱竹。砍这些竹子用的是柴镰刀，一般打铁的人都知道这种专门砍竹子的镰刀。采簸箕所用的所有材料有这把柴刀就足够了。这种竹子三个月就能长成，但是，用来做簸箕的材料的竹子要在第二年砍最好。这种"蓬莱竹"跟普通的竹子不同的地方是，它比较软，有粘着力，还很结实。别的竹子时间一长就会折断，这种竹子就不会出现这样的情况。另外，跟山樱皮配在一起编的也只有它才合适，别的竹子的皮都太厚，这种竹子的皮很薄。

蓬莱竹在鹿儿岛生长着很多，我家的地里长的都是这个。据说这种竹子是从东南亚一带传过来的。过去它们都是生长在两山之间的交界处的，能长成很大很大的一株。又因为它们是爬行着长的，所以有的大株能长到十几平方米。但是如果长得太密，会被吹来吹去的风弄伤它们的表皮，而且还会有虫子的侵蚀，被虫子侵蚀过的洞里会存雨水，影响竹子的质量。受损的竹子就只能取它好的部位来做竹签了。

从前，我们是从山里找来粗的签子，拿回家以后再加工成细小的，需要差不多三道工序。那时候，进山找竹签，都是一大群做簸箕的人一起去，找到那些粗签然后用车推回来。

山樱树生长在灌木林中。剥砍的时候，选十厘米左右的樱树皮，然后在上面竖着插上一根细的木条之类的东西，皮很容易就被剥开了。被剥了皮的樱树依然能活，绝对死不了，只是再生出来的新皮就不能用了。

我很喜欢狗。我的狗，梅黎，三个月大的时候我就带着它上山了，让它闻山樱树的味儿，跟它说：梅黎，这是山樱，你一定要记住它的气味。一年下来，梅黎就能自如地在山上寻找山樱树了。有的时候，我了镰刀放在什么地方了，就喊梅黎去找，它不会出任何差错地把它找回来。找樱树更是这样，你只要说：去，找棵樱树来。它就会跑着一边嗅一边找，樱树活着的时候有种特殊的气味。当你看到梅黎坐在一棵树下不动了，那么那棵树肯定是山樱树。

一般我编一只簸箕需要差不多两公斤的竹子和三根十厘米长的樱树皮就够了。封边缘用的是野琵琶树的枝条。为什么用野琵琶呢？因为野琵琶很柔软，可以自由地弯曲，还不易折断。用绳子捆出形状让它干燥一星期，等撤掉绳子它就不会再回到原来的形状了。如果是别的树恐怕就不会那么有韧性。

这种山琵琶也结果实，大小跟琵琶树的叶子差不多，颜色接近野柿子。而我们这里的野柿子也结很小的果实，野柿子的皮也很结实，枝条也不易断，但是要让野柿子的枝条像琵琶树皮那样弯曲可就费劲了。

簸箕刀是鉴证手艺够不够格的标准

我先给你介绍一下我的工具，然后再编给你看。我手里拿的这个叫簸箕刀，劈细竹用，是用橡树做的。我们的工具都是自己做。买回橡树的材料然后合着自己的手做自己的工具。编簸箕的人通常用能否制作簸箕刀来判断这个人的技术高低。一般，学徒十几年以后才被允许做工具呢。我这把是自己做的，又重又坚硬，已经在我手上用了四十几年了。近十年来都没有磨过它了。它是劈竹子时不可缺少的工具。还有砍樱树皮用的镰刀，这种镰刀其实就是用普通镰刀的最前头的一段刀刃配上木柄做成的，所以看起来样子怪怪的。

我编的簸箕都加攀缘茎草，这种草很结实，把它们像打麦秆儿那样打掉多余的东西只剩下纤维就能用了。封簸箕的边缘还有一种专门的锥子，是为穿蔓条时锥眼儿用的。这种锥子也有大、中、小三个型号。

櫻树皮采回来以后，先把它们的头削尖以便于穿插。材料的树皮绳条还很长的时候编得都很快，越短越不好编。学徒的时候经常把手拉出一道一道的血。为了编得紧凑，要把树皮条上沾些水。櫻树皮是隔一行加一道。刚开始学徒的时候，最后收尾的地方总弄不好，都是师傅来搞的。那时候，连形状都固定不好。

　　这东西看起来简单，实际上并不容易。这底托的部位能编好了就可以出徒了，可就这一部分怎么也得五六年的时间。我那儿子今年四十岁了，还编不好呢，估计编簸箕这差事在我这一代也就完了。

　　我想我活到这个年纪身体还这么硬朗是托了编簸箕的福了。去山里采集材料能呼吸大量的氧气，劈竹子时又能常吸那里面的微生物（据说竹子内的微生物对人体有益）。我今年都八十岁了，可身体很结实，连房事都照样行。怎么样？带一个回去求个保佑吧！（哈……）

　　编簸箕时需要很用力地拉竹条和櫻树皮，所以我的手上都是老茧，遇到粗条子的时候还得把牙也用上。还有人说：你这双编簸箕的手倒挺干净嘛。我这手呀，已经不知道脱过多少层皮了。竹刺什么的扎上了我都不管它，可也从不化脓。那扎进去的刺儿过一段时间会变黑，自己就出来了。身体偶有不舒服的时候，我就进山，一进山这儿疼那儿疼的马上全都好了。我母亲活到九十四岁才去世，我起码还要坚持再进五年山。

（1993年8月29日访谈）

拾伍　木造的鲨舟每小时能行十八海里

船匠　大城正喜

（1926年4月29日生）

导　语

　　我去冲绳采访的时候正赶上"冲绳感恩节"（每年5月，冲绳渔民为感谢海神而举行的一种祭祀活动），梅雨也刚刚结束。镇上的人们都集中到有很多自由市场的渔港，在那里铺上坐垫，搭起帐篷，还有各式各样的盒饭、酒和来自各地的客人，一番热闹异常的景象。这是一年一度的节日。

　　丝满是"海人"的大本营。"海人"说的就是那些乘着鲨舟去远海打鱼的优秀的渔夫们。鲨舟在冲绳叫做"撒巴尼"（冲绳方言的音译），在丝满曾经有过制造最传统的冲绳鲨丹的船匠。

　　鲨舟，原本是用一根整的原木掏空后制造的，现在已经变成了把木板粘在一起的工艺品。只是它的形状，还有造船的理念都原封不动地传承至今。鲨舟上虽然没有龙骨，但操起帆来去远洋，它却是条非常优秀的船。过去，活跃在奄美到西南诸岛海域里的都是这种鲨舟，有的船甚至在今天还在用。

　　船的底板跟从前一样还是刨不来的。整个船体都不用一根铁钉，就靠鼓形的楔子、木锔子和竹钉来完成整条船的制造。熟练的船匠甚至只要确定了船的宽度和长度以后，连图纸都不需要就能造好一条。只是现在几乎很少有人定做新船了，造的船大部分是为感恩节活动用的。从前，每逢这样的节日，渔夫们就会把自己平日里打鱼的船装饰一番来庆祝，现在，活动上用的都是特意为感恩节制造的鲨舟。

　　船的长度六七米，宽度为七八十厘米，这就是一般的鲨舟的尺寸。就是这样一条看似普通的船，扬起帆来却能达到每小时十海里的速度，为了防水，会在船体抹上鲨鱼油，只要用的人精心，又经常维修的话，这种船能用一个世纪。鲨舟就是这样一种充满了传说的船。

　　在丝满，还剩下几个能够制造鲨舟的船匠，大城正喜就是其中的一个。他出生于1925年，今年已经六十九岁了。大城作为第四代船匠，有着四十几年制造鲨舟的经验，经他的手制造出来的鲨舟超过四百艘。现在，他的儿子们已经开始继承他的手艺，在丝满从事造船业。不造船的时候，作为副业，大城还制作三弦琴（冲绳当地的一种三根弦的乐器）。

　　大城的船现在更多的是被博物馆收藏。面对鲨舟，大城为我们讲述了制造它的艰难和这种船的优良性能。

大城正喜

　　我二十年前做的一条船就收藏在千叶县安房市的博物馆里。做鲨舟已经四十几年了。过去，平均一个月做一条，一年下来就是十二条。

　　四十几年来大大小小总共做了四百六十多条了，现在我的儿子已经继承了这门工艺。从前做的船现在还在用的也有百十来条吧。

　　冲绳县的丝满镇是一个别名叫"海人"的镇，那里的渔师们打鱼的技术很高，使用船只的技术也很高，他们用的就是这种鲨舟。鲨舟的优点得到了奄美大岛的渔师们的认可，于是，在冲绳岛光复以后，出现了一个超忙的时期，订货接连不断，有时甚至要等两年才能排得上队，那可真是一个忙活的年代。但是我们现在做的船都是用来参加感恩节活动的。我早先做的船也还有人在用。虽然钢化玻璃船已经成了主流趋势，但还是有渔师就觉得木造的船好。

能做这种木造船的手艺人几乎没有了，就连我不是也都退下来了吗？现在由我的儿子来继承了。参加感恩节用的鲨舟的订货是来自全国各个地方的，他们必须要木制的，因为只有木制的船才会在船翻了的那一瞬间立刻翻过身来，这一点是玻璃钢造的船无法比拟的。玻璃钢的船普遍比较重，一旦翻了就只能顺势沉下去了。甚至只要一侧船进了水，都会立马造成船体倾斜，而且一旦倾斜就不会再平衡过来了。

把船弄翻，在暴风骤雨的海面上乘风破浪

玻璃钢的船在船体浸水以后，就会出现难以挽救的情况。但是，同样的情况如果出现在木造船身上，就不同了，即使木造船里浸了水，船体出现下沉，只要你取出船底的积水，船体会自然地再一次浮出水面。而且，即使船舱里进了水，

它依然可以载人，因为船尾和后部是浮在水面上的，只有中间的部位沉在水里，所以，人坐在船稍后的部位上，把中间的水舀掉，船又会浮起来了。

　　渔师们在遇到暴风雨的时候，甚至会故意把船弄翻，两个人可以躲在里边，抓住船帮一边游一边劈浪向前。不用担心打鱼的工具，它们都被挂在船上，不会轻易被冲走。想让船再恢复原位的时候，靠两个渔师分别把住船的两侧，等着大浪来临之际，借着浪势让船自然地冲到浪尖上，那样，一下子船就翻过身来了。而且，船里的水也都被大浪带走了，这就是鲨舟的独到之处。

　　很多人都说这船的形状很像北美的独木舟。其实它的大小、结构都跟独木舟不同，鲨舟的特点是它可以乘着波浪而行，这是由它的结构决定的，它的外观、边线以及船尾的斜度决定了它的这一功能。

　　如果扬帆起航的话，鲨舟的速度是很快的，跟在冲绳和鹿儿岛之间行驶的客船的速度不相上下。如果让它再乘上了风，甚至比那些带引擎的船的速度还要快很多，从德岛到冲绳只要七八个小时就能到（通常需要十五个小时左右），速度能达

　　　　　　　　　　　　　　留住手艺

传统鲨舟的样子

到每小时十八海里呢。

打鱼的去程和归程也是要扬帆的，鲨舟的帆是顶着风扬起来的，日本的船像这样顶风扬帆的还很少，只有作为游艇或私家用的那种帆船才是。其实帆船的结构跟鲨舟很接近，所以，有人说帆船在建造上可能是借鉴了鲨舟的形状。

建造鲨舟用的木材是"宫崎杉"，而且还是生长在日南市沃肥地区最靠近深山的杉树，那里的杉树固性最好，而且有粘性。

过去，我们那里有一种"旋船"，也就是说整条船是由一根整木头"旋"出来的，这种"旋船"就是鲨舟的原型，鲨舟的形状就是从"旋船"得来的。但也并不是完全的模仿。比如，鲨舟也会用接合的方式连接木板，形状上也有所改变，而且船体已经比从前更大了。

鲨舟的标准尺寸是长七米，宽三尺三，船深二十厘米。

实际上，最近被渔民们用于打鱼的鲨舟都大型化了，他们用的鲨舟在结构上都适应远洋化了，因此，船体的宽度也都增加了，形状上，在我们看来，也跟传统的鲨舟有很大的不同。

船体上涂抹鲨鱼的油脂

鲨舟是可以用来远行的，能到离冲绳五十英里、六十英里甚至一百英里的海里去。

渔师们到那里的海面上打捞金枪鱼和鲨鱼。这种船就是根据鲨鱼的形状和形象才定名为"鲨舟"的。鲨鱼肉做成鱼糕以后是一种味道很美的食物，而且便宜。鲨鱼的全身都是宝，鲨鱼翅是中国菜里名贵的材料，连它的油脂也有用。把鲨鱼的肝脏放在一口大锅里煮，慢慢的它的油脂就被煮出来了，煮到最后油渣会浮在表面，底下全都是油脂，等灭了火，晾凉以后就可以把油渣刮掉，下面剩的全是油脂。把这些油脂涂抹在船体上。如果是新船的话差不多要用掉大约十八公升油脂。涂抹上以后刚开始是有腥臭味的，那是鲨鱼特有的臭味，抹在船体上起到涂料和防腐剂的作用，抹了油脂的鲨舟，即使是下雨，水也不会进到木头里边去了。

乘着鲨舟出远海的时候，一般能载两个人。

船是靠划桨和扬帆前行的。鲨舟的帆在船前进的时候起很大的作用。船在顶风的时候，帆必须要在前边才行，因此，鲨舟帆的位置是很靠前的。这一点跟一般的帆船不同，帆船的帆大多是位于船中央的。而且，鲨舟没有舵，待在船尾的人是靠船桨来掌舵的。如果注意一下鲨舟的船桨你就会发现，它的形状很特别，有表有里。划的时候把表的一面向外来用。桨面很窄，因为在大海里划桨，如果桨面太宽，划的面积就大，舱里就很容易进水。桨的形状就像一把锋利的宝刀，一条好的鲨舟，桨就要做成这个形状才行。一把桨的好坏就要看它是不是既好划又好掌舵，制作船桨是很需要技术的，它用的木材是一种叫红木的质地很硬的树材。通常，船桨是由专门的人来制作的。而用来掏净船底积水的舀子也是有专门的人来制作的，琉球松就是用来做掏水舀子的木材。

现在，玻璃钢船已经越来越多了。到底是时代不一样了，大有用玻璃钢船替代木造船的势头。因为木造船必须经常进行保养才能长久地使用，而这些保养的方法对于现在的年轻人来说又是相当麻烦的，他们更加倾向于使用起来简单而且无需进行任何保养的玻璃钢船，因此玻璃钢船越来越占据了优势。但是，木船用起来的那种感觉是玻璃钢船无法比拟的。木船在乘风破浪上远比玻璃钢船要强得多，因为玻璃钢船的船体很重，不好操纵。

用开水使木料弯曲

鲨舟看起来虽然简单，但在制造上也是依靠图纸来完成的。不过，如果是按照传统的尺寸来造的话，就不需要图纸了，它们都已经刻在我的脑子里了。当然，所谓尺寸，也只不过哪个部位多长，哪个部位多宽而已。一般形状的鲨舟都是无需图纸的，拿来原木以后马上就可以在那上边画出船的图形，然后按照所画的图形，在原木上边下斧子开凿就可以了。船体越大，它的结构也就越不同，幅面会增宽，船长倒不一

大城在介绍他的鲨舟

定增加，但是，如果幅面增宽的话，船底也一定要加宽。标准规格的鲨舟船底是圆上来的，所以，如果船体一大，船底就要变成平的了。这跟载鱼、载网的船在结构上是不一样的。在我曾经制造的这些船里，最大的一艘载重四吨半，长十米，宽八尺，船体重有二百五十公斤。就是这样的大船，过去也是两个人来撑的，要说过去的人真是有劲儿。

有不少人都来找我希望当徒弟学习鲨舟的制造工艺。说实话，这活儿不那么简单，要想学成这门手艺至少也得三年以上，而且那份艰苦他们是受不了的。有些人学着学着自己就打退堂鼓了，尤其是"弯木料"这道工序就让他们受不了。

制造鲨舟所用的工具细分起来还真不少，但基本上都是把木匠用的工具加以改造的。造鲨舟用的是大约八寸厚的木板，把两块板子按照鲨舟的形状弄弯然后接在一起，弯木板这道工序是用热水来进行的，也就是说用热水来把木板烫软。我家里，是在锅炉口接上管子，这样热水也不会冷却。这道工序必须用热水，木板经过这么一烫，不但变软了，而且还增加了韧性。

整条船都没有一根铁钉

船底的每块木板之间是用木楔来固定连接的。木楔是呈蝴蝶形状的，靠这个来把木板跟木板固定起来。绝不用铁钉，因为，用铁钉的地方容易生锈，时间一长周围受到损伤，而且还会烂掉。把木楔严丝合缝地塞进木板，再把表面刨平就可以了。木楔也是用木头做的，一种叫做"土松"的木头。土

大城的鲨舟不用一根钉子，靠的是蝴蝶形的木楔来连接每一块板子

松的木质很细，用它来紧固杉材的木板再合适不过了。

　　木板上用来塞木楔的沟槽是先用凿子凿出形状以后，再把木头削刮出来，使用的工具中还有竹子的劈刀，因为打沟槽时不能使用金属的工具，所以，是用凿子将竹针钉进木板，然后再一点点凿出的。这样凿出来的沟槽里塞进木楔，凿实以后，绝对掉不出来。再经刨平处理以后，就更结实了。看看我们的船就知道了，所有的木板与木板连接的地方都是靠木楔来固定的，宽的木板之间用的是比较大的木楔。一条鲨舟上到底用多少个木楔，这还要根据所用木板的多少来决定，通常也得百来个吧。这种鲨舟如果使用得精心，再加上注意保养的话，用上一个世纪都不成问题。

我想，出自我跟我儿子之手的船都能有这个保障。这门工艺能流传下去当然很好，可又怎么样呢? 看来现在只有把这种鲨舟的模型留下来让子孙们看了。因为它毕竟代表着丝满的历史和文化，所以，应该把它留给后代。

（1994 年 8 月 28 日访谈）

　　　　　　　　　留住手艺

拾陆　平田舟就像一片竹叶

船匠　中尾勉

（1932年10月9日生）

导　语

　　现在，日本的江河里已经看不到木制的船了。江河曾经是用来运输的水上航路。那时候，钓鱼的船、游玩的船，还有捕鱼的船都星星点点地飘浮在江面上。遗憾的是，近些年来，日本的江河由于受到严重的污染，已经不适合捕鱼了。现在，只有在四国的四万十川、冈山县的旭川、歧阜县的长良川、山形县的最上川以及三重县跟和歌山县交界的熊野川，还能看到一些打鱼的木船飘浮在江面上。它们多是用来捕捉江鱼的。观察这些地方的捕鱼船，我有一个很有意思的发现，那就是，根据江的规模大小不同，船的大小也不同。从这些船的结构上，可以看得出船匠们对江河的特性有多了解。又根据船的使用方法的不同，所捕鱼的种类也就不同。总之，

316　　　　　　　　　　　　　　　　　　　　留住手艺

它们在结构和形状上有很大区别。

中尾是住在熊野川附近的造船木匠。

熊野川的船是一种叫做"平田舟"的、形状独特的船，扁平的，浮在河面上的时候，就好像是一片竹叶。在流势很急的熊野川上，平田舟看上去就像是一片叶子轻轻地滑过一样。它的形状使它不是劈波斩浪，而是轻盈地乘着波浪前行。中尾让我坐上他的船，在熊野川上游走了一圈儿。船很容易操纵，我们还扬起了帆。听说这种船有时也用来做游览船用。

中尾原来曾在国家铁路局工作过三十几年。后来，半路出家，开始了造船匠的生涯。我们一起去看了木材市场，他还让我参观了他那间坐落在河边上的"造船作坊"。那里放着一艘他手头正做着的船。熊野这个地区是木材的产地。中尾造船用的材料都是就地取材的。我真惊叹于他活计的精细。

在跟他的交谈中我才知道，他原来还是一名渔师。他乘着自己造的船去捕捉河鳗、河蟹和香鱼。也就是说，他是造船的，也是用船的。

我相信无论哪儿的渔师都会说自己的船是最好的。我也曾看到过不少江船，但是，我确信，熊野川的平田舟一定是日本数一数二漂亮的船。

现在，船匠已经是一个不再被需要的职业了，后继者当然也就越来越少，因此，船匠的高龄化成了一个普遍的现象。在他们当中，中尾还算是年轻的了。

中尾勉口述

我的父亲就是船匠出身，但是，我并没有从一开始就跟着父亲学手艺，而是进了国家铁路局当了一名职员。从国铁局辞职以后，闲着没事，去一个做船匠的朋友那儿帮了几天忙，这么一帮倒还真的学会了。从我父亲那里没受过任何的家传，现在却做着跟他一样的事。其实，我当年最想进的不是国铁局而是商船学校，因为我喜欢船。在国铁局一干就是三十六年，后来才开始学造船。捕鱼也是我的爱好之一。我出生的地方是新宫，老家是三重县，离新宫有十二公里。

我造的船，形状很特别。熊野川是一条落差很大的河。一般海船的吃水线都很深，那是为了劈波斩浪，而我的船正

　　　　　　　　留住手艺

相反，是为了不被波浪冲翻才特意造成这个形状的。这种造法是从古代沿袭下来的习惯。古人早就对适用于熊野川的船有研究了。这种应付急流的船在制造上有着它独特的工艺，从而也使它形成了与众不同的外观。

熊野川是一条流淌在奈良县、和歌山县和三重县三县境内的河流，也是日本唯一的一条没有堤坝的河流。正是这个原因，单舟的全国锦标赛算上今年已经在这里举办过三次了，就是因为它没有堤坝，加上流势很急够刺激，是举办单舟竞技的理想场所。熊野川流过的四周是叫做大台原的山脉，因此，熊野川从头到尾都是被夹在深深的峡谷中的，又由于那里每年的降雨量出奇的多，这里的河流就形成了很大的落差。可以捕获的鱼的种类也就特别的多。各种的河蟹、虾、河鳗、鲈鱼、鳜鱼，还有香鱼等等河里都有。

这种船现在是被用做渔船了，而在过去装上货物在河里上下往来的都是它们。它还能当成游览船用，给船安上顶子住在里边都没有问题。

在熊野川像这样的船大概有个百余艘吧。其中的三分之一都是出自我的手。船匠除了我以外，还有一位比我年轻点儿的。我已经是六十几的人了，他也就四十几吧，在我们那儿可算是最年轻的了。他是边上着班边造船的，但是船也造得相当不错。

从很久以前开始，我们这里的船匠造的就是这种船，我年轻的时候听得最多的也是关于船匠的事，什么这个船匠手艺高啦，那个差点儿啦。当然了，不是有一句话叫做"船的好坏一撑就知道，撑好船要八年"吗？可见，撑船也不是件容易的事。一艘不好撑的船，就如同不好调教的马，是不会有人愿意接受的。

一条好木船能用三代

客户在让你替他造船的时候都会提出一些要求，比如，船深要多少，船尾要多大，船底要多宽，等等。我们也是用度量衡（日本固有的）来计算的，如果客户提出的要求是违背比例的，我们还是要跟他建议什么地方应该多少尺寸，一项一项地定了以后才能开工。

有人会问用现在时兴的塑钢材料造一艘同样形状的船跟

留住手艺

船板不是重合的而是粘合的，这里边有防水的技术

我们造的木船有什么区别。两种材料造的船相对于水的浮力就是最大的不同。塑钢船感觉上是好像很轻，但是，它因为没有浮力所以一旦出了问题就立即会沉。而木船就不同了，由于它的浮力很大，所以，想要让它沉下去恐怕不那么容易。我们这种船坐上十五个人都不会有一点儿问题，可是塑钢船坐五个人就到头了。而且，从体积上，塑钢船还要造得比这种木船大一些。

长良地区造船用的木材是一种叫罗汉松的树，而我们熊野地区用的是杉树，就是树表面发白的那种杉，而实际用的是树中间红色的那部分，发白的部分全部都要去掉。除了杉树以外，丝柏、橡树也是像这样去掉发白的部分，只用中间那很硬的部分。这样造出来的船才可能用一辈子，有的能用上父子两代，还有的能用三代。

　　树的木质分为粗、细。木质越细的就越结实，同时也越重。造船用的木材，多选用节子多的（平面刨开来看上去像手指纹，一圈圈的）材料。你知道平常我们烧的柴，如果是没有什么节子的木头，劈的时候"叭"的一声很容易就能劈到底了，可是，有节子的地方往往就不那么好劈，总会在有节子的地方停住。造船时选用这样的木头就是为了一旦出现裂缝的时候，它会停在有节子的地方而不再往下延伸。另外，用有节子的木料还要用活节多的，尽管这种木材看上去不太美观。

　　我们就是这样挑选木料的。看看是流线形的节还是死节，有的时候会碰到有很多死节的。一艘船上如果有很多死节的话，要先把这些死节的洞挖空再填补好，如果有二百多这样的死节洞，那就要用上三天才能做完。死节的地方如果不挖掉的话日后会渗水。木料上一般都有活节和死节。现在你看到的我手里的这条船上面的都是活节了。死节也都已经重新填补好了。所谓死节，说的是中间的这个节眼已经腐朽掉了，一按就能按出来。这样的节我们就叫它死节。相反的，活节是怎么按都按不出来的，而且，看上去也好像是还活着的，也有颜色，我们管这样的节就叫活节。从事建筑工作的人一定懂这个，因为道理是一样的。

造船的木料都来自当地的山里

这块木材是从我住的新宫再往里一个叫音川的地方采伐来的。现在，那一带因为有观江旅游项目的关系，常会有一些电力船进进出出的。这种木材就出自那条河附近的山上。

这块木料有八米二长。一般的情况下，木料如果是八米多的话，买原木时还会再长出五十厘米左右，原木最好的地方是下边的位置。我们都愿意买长出部分多的原木，所以，总是嘱咐伐木师多留出点儿多余的部分。打八米的木料有时能买到差不多九米长的原木。在山里都是这样买卖木料的。

和歌山地区出的一种叫吉野的木材太细腻，并不适用于造船。我们用的木材都是在当地的山上采伐的，就是沿海岸边很近的那些山上。木头看上去虽然又粗糙又不太好，但是造这种船正合适。

船身造八米多长是我们那个地区祖祖辈辈留下来的传统。没有坐过船的人也许不懂，一般当你在船头撑起船桨的时候，就会因船桨的重量而使船尾轻轻地翘浮起来。所以，八米的船长是能够让船保持最好平衡的长度。如果不够八米的话，船尾会很容易就翘起来，而且，起锚的时候弄不好还有可能会沉船。当然，再长点儿也不是不可以，只是，过于长了以后桨就会很重，不好撑。总之，这种船的大小是由自己能否撑管得了来定的。

有些事情年轻时有人传授和没人传授就是不一样。比如说，为什么这里要这样安装，而那里又必须是那样的角度。海船在制造的时候不是有骨架吗？而我们这种船什么都没有。就是把木板一块块地拼接起来。这也就是它与众不同而又最难的地方。江船跟海船最大的不同就是海船的吃水部分比较深，在大海里劈波行船时很快捷，而江船则正相反，必须要让它能承受得住急流，所以，船身比较浅，形状就像一片竹叶做的小舟。因为，不是要用它去劈水，而是要让它在水面上滑行，感觉船的行进是在躲闪着水一样才行。平田舟还有个部位叫"加底"，它的作用是当船横过来的时候，让水从下面溜走。如果没有这个东西起作用的话，横着的船会很容易被江水冲走。这个"加底"所起的作用正是帮助水从船下面溜掉，而船又不被冲走。

一会儿我要给你看船是怎么拼接起来的，你会发现这种船用船钉的地方很少。因为船钉用多了，时间一长水就很容易从钉子眼儿里渗进来，钉子眼儿一多船不就变成筛子了吗？这样的船也就没有任何价值了。

熊野川江船的秘密

我还是先给你介绍一下船的各部位的名称吧。这个细细的部位叫"底垫儿"，是用四块木板拼合而成的，也就是船底。整条船只有这个部位要钉进去九十多个船钉来连结这四块木板。但从表面上是看不出来的。这就是我们造船的诀窍。

这个是用来补钉眼儿的叫"补钉"。用它来填补有钉眼儿的地方。这种用四块木板做的船底叫"四块接连"，当然，三块板也可以，只是，三块板很容易出现裂损，要钉进很多钉子才管用。所以，用四块板也就成了比较普遍的做法。这个叫"船钉"。看上去很粗糙是吧? 表面像锯齿一样，一点儿都不光滑，但正是靠这麻麻糙糙的表面产生出的磨擦来把木头跟木头紧紧地扣在一起。这种船针都是铁匠一根根手工凿出来的，很贵，一根就要五百多日元(约合人民币四十元)。船尽可能要造得窄一些，以防漏水。为了让水流能顺利地溜走，在船底加这么一个"加底"。也就是在船底的两侧加上这个"加底"，然后在它上面做一个叫"上棚"的缘边，这样，船的形状就出来了。在"加底"和"上棚"上面的这个叫"舷"，好像是砥柱般的船梁，也就是我们家里所说的"顶梁柱"，要靠它来掌握整条船横向的平衡。这里一定要用好木料，就是那种红色的丝柏树。 最前面的部位需要比较坚硬的木料，所以，这里用光叶榉木做材料。

除了上面介绍的部位外，还有脚踏板，就是放脚的地方。

把所有这些部件合在一起，是个挺复杂的工序。这些板子全要用很微妙的角度进行组合，不是简单地粘合在一起就行了，因为角度全都不一样。做这个，是用一把曲尺来完成所有的设计，倒也用不着什么昂贵的工具。量角度、弯度只用这一把曲尺就够了。像这个高度就是从船的最底部往上量三尺，大约九十厘米。还有，比如舱面开口的大小，也就是船体两侧的斜度，是根据船体从底部计算，每往上量一尺，船口就开五寸，用这样的比例来设定。这个地区的船代代都是用这样的比例造出来的，当然，舱面还是口开得大一些乘坐起来比较舒服。

熊野川的船是一片竹叶舟

我们的这种船俗名叫"平船"，也叫"平田船"。平田船，从它的名字就能想象出它的形状是平坦的，样子像一片竹叶。

船的帆有十米高，帆的中间有一条一条的空隙，所以，即便是坐在船的后方，也能透过条条的空隙看到前面。帆是竖长的，像旗子一样。这种帆在一定程度上是根据风向来定位的。这些露着的空隙是为了对付强风的，因为当遇到风很强的时候，帆就会鼓起来接受它，船的平衡就难以把握，让风从这些空隙的地方跑掉一些，船就减少了危险。

我给你演示一下我们这个船木板跟木板连接时独特的方法。要费一点儿时间。在木板与木板连接之前，要先做一道工序叫"杀木"。大家都知道，干燥的木头如果被水浸湿以后还会再活过来，所以，要先"杀木"。经过这样一道工序以后，船上的水就不会再往船上渗了。做的时候，就是像这样从头到尾地敲打木板竖背中央的部位，我们叫它"木口"。另外，我们用锤子，是用它鼓肚的一边来敲打的。一般锤子都有两头，一头是直的，一头是鼓肚的。木板一经敲打就会凹陷进去，这就叫"杀木"。木头虽然已经被加工成了木板，但是，它其实还是活着的。每一块经过敲打的木板，其凹陷的部位过一段时间，被水浸泡久了还会再恢复原状。我们就是靠木板与木板的这种规律让它们贴合在一起。当然，这样还不够，还要把竖着贴合在一起的两块木板用钉子固定起来。但不是直着钉进去，是从两块木板的平面斜着钉，因此，钉子也是斜的。另外，为了给钉子开辟一条斜路，先要用一种带把儿的凿子凿出一个眼儿，这是一种专门用来凿细钉子眼

　　　　　　　　　　留住手艺

中尾勉和他的平田舟

儿的凿子，很细。凿的时候是沿着事先划好的曲线凿进去，然后再把钉子也沿着这条曲线凿进去。这里我要说说为什么要用带横把儿的凿子，因为，凿进去以后，往回拔的时候，可以从反方向敲打横把儿，让它退出来。还有，凿钉子眼儿的时候不能一下子凿到底，因为那样的话，钉子就吃不住劲儿了。要留点儿硬的底以便让钉子更好地固定住。钉子凿进去以后，为了把它凿得更深，再用跟钉子同样形状的细铁棒往深处凿一凿，这叫"埋钉"。最后，在钉子钉好后，为了不让钉口处存水，再用小木块儿把钉口封起来，这就是我在前面说过的"封口"。

"平田舟"就是这样靠木板跟木板一块块地拼接起来的船。

（1992年8月30日访谈）

英珂

盐野米松——匠人们的倾听者

他，用三十年的时间走遍了日本全国乃至世界多个国家。倾听和记录下了不同业种和不同国家的匠人们的生活和他们的活计。在日本，他因为开创了"听写体"这一书写形式的先河而被众人熟知。濒临消失的业种因为他的努力得到重生。

盐野米松，1947 年出生于日本秋田县的角馆町。角馆町因为在江户时代曾经武士辈出而闻名。那里至今还保存有很多武士曾经居住过的宅院。那是个历史文化底蕴很丰厚的小城。盐野米松在这里度过了他的青少年时代。他一直认为正是因为成长于这样的环境，才会让他在日后产生了记录匠人们生活的想法。"我小的时候，街上到处都是各种各样的作坊。我的同学们每天放学后都要回家帮助他们的父亲忙活计，我也曾经有过很多帮把手的经历。那些敲敲打打的声音，冶炼的火焰和匠人们熟巧的双手至今都还历历在目。在一个小孩子眼里，那些匠人的形象简直就像英雄一样高大。"

高中毕业那一年，盐野米松考取了东京理工大学理学部应用化学系，他离开家乡只身来到了六百公里以外陌生的东京。那里正是一片近代化的景象。60 年代末 70 年代初，日本正处于高速成长时期。经济发展的突飞猛进带来的是工业化的产量高、速度快、价格低的生产模式，也从而取代了传统的手工业制作，各地的手艺人关掉作坊开始另寻出路。"当没有了手工业以后，我们才发现，原来那些经过人与人之间的磨合与沟通之后制作出来的物品，使用起来是那么的适合自己的身体，还因为他们是经过手工一下下地做出来，所以它们自身都是有体温的。这体温让使用它的人感到温暖。"

大学毕业后，他进入因《铁臂阿童木》而闻名于世的著名漫画家手冢治虫创办的"虫 Production"制作公司的出版部，负责编辑出版著名的 COM 杂志，COM 在当时是一本非常有名的漫画杂志，被视为年轻漫画家们的龙门。也就是在这个时期，盐野米松也开始了自己的文学创作。但是由于"虫Production"经营不善，在盐野米松进入公司二十个月后，公司最终还是没能逃离倒闭的命运。离开"虫Production"的时候他已经是编辑科科长的身份了。如果重新进入一家出版社，他会得到更高的待遇，但是他没有那么做，相反，他以此为契机走上了职业作家的道路。而这个时候他已经结婚生子有了自己的家庭，他创作的小说开始被人们喜爱，他正在成为人气作家。他很清楚，即使不进入一个收入稳定的机构，只要专心于小说的创作，也会让他成为更有名的作家，同时版税的收入也可以给他的家人带来固定的生活来源。但是他还是决然地将自己创作重心的一部分放到了对各地手艺人的考察和采访上。那是当他为自己的小说创作来到八丈岛（八丈岛隶属于伊豆群岛，从东京乘船约十小时可到达）采风的时候，无意间看到了正面临失传的民间印染"黄八丈"，这种用八丈岛特有的植物进行染织的工艺，是日本历史最悠久的工艺，室町时代就曾经作为贡绢进贡过朝廷，江户时代又曾经是将军们的爱用之物。黄八丈的发现让盐野米松更坚定了自己的使命。

　　　　　　　　　　　　　　留住手艺

"总要有人出来做这样的工作，这可能是上天安排给我的任务。"没过多久，一本系统地介绍"黄八丈"的工艺和历史的书籍经过盐野米松的整理得到了出版，也挽救了这个工艺。

"手艺人的工作其实就是他们的人生本身，那里边有很多自古以来的智慧和功夫，甚至还包涵了这个文化的历史。这些手艺人日常中很少有机会对别人讲述他们的工作内容，更不可能以文章的形式公示于众，而他们的语言却是那么活生生的，这些语言才是最具有说服力的。如果仅仅是将对他们的采访以文章的形式进行介绍和报道，完全不足以彻底地表述出他们的真谛，于是我想到了采用'听写体'这一书写手段，用他们的语言讲述他们自己，而我在这个过程中，是一个发现者、倾听者、记录者和整理者。我觉得我很像一个园艺师，先倾听，然后再进行修剪、重新整理、最后完成，只不过我倾听的过程很长。"

对宫殿大木匠西冈常一的采访给盐野米松留下了永远都讲不完的故事。1984 年，三十七岁的盐野米松开始对日本最后的宫殿大木匠西冈常一栋梁（在日本，栋梁是对于木匠的最高称谓）进行采访，这个采访一做就做了十年，直到西冈去世。这是让他最花心血和最难忘的采访。西冈常一是奈良有着一千三百年历史的日本最古老的建筑法隆寺的大木匠，被称为日本最后的宫殿大木匠，人间国宝。之所以说他是最后的宫殿大木匠，那是因为，自古以来，专门在寺庙里奉公的宫殿木匠是从来不建民宅的，他们即便是穷得吃不上饭也不接民宅的活计，宫殿大木匠坚守的是不能为了金钱而放弃自己自尊的信念。西冈常一在法隆寺没有活计的时候，曾经靠种地养活过妻儿。1984 年盐野米松把要采访西冈的计划书交给日本最著名的自然科学杂志 BE-PALL 时，很快就得到了杂志社的首肯，他们愿意拿出杂志的重要版面来刊登盐野米松所作的访谈。就这样，他的采访文章以《树告诉我们》为题在杂志上开始了连载，四年后，这些连载又以单行本的形式出版发行。BE-PALL 不仅是年轻人爱读的刊物，因为它涵盖的知识量丰富，在成年人当中也拥有很多的读者，一直以来发行量都很高。《树告诉我们》的发表，不仅让日本人认识了一位默默无闻的宫殿大木匠，了解了作为宫殿大木匠的生活，以及他们的技艺，同时盐野米松所总结的西冈栋梁的人生心得更是成为教育年轻人励志的经典。比如："建堂盖塔不单单是锯割木料的尺寸，还要依照它们的特性取材"、"了解了木头的个性，再了解了跟你一起工作的人的个性，你才是一个好的匠领"、"诸多的技法非一日所成，要对先代们心存感激"。

《树告诉我们》单行本发行后，获得了出乎意料的好反响，经久不衰地畅销，直至今日。

《树告诉我们》所获得的好评，为盐野米松后来对手艺人的采访工作打下了良好的基础。从前不愿意接受采访的手艺人们向他打开了大门和心扉，有更多的出版社愿意刊登他的采访文章。这些年他先后出版了近二十本关于手艺人的书。2000年他来到中国，从江西的景德镇，到云南、江苏，再到山东、北京，他走遍了半个中国，寻找日本手工艺的根源，回国后整理出版了《中国的手业师》(《中国的手艺人》)，他的采访涉及很多时代背景，让他理解了中国手艺人消失的原因。他为此惋惜，同时也为还能在日本找到这些手艺的传承而庆幸。

1999年他的《学手业》(中文版名为《留住手艺》)在中国出版，他在出版前言中写道："其实如果寻根求源的话，这些手工的业种和技术，包括思考问题的方法很多都是来自中国。这些技艺在来到日本以后，是在风土和生活方式的差异中慢慢地改变和完善的。但还是有不少相通的东西存在至今。中国是被我们看做兄长的邻国。我们的文字、文化都来源于你们的国家。我们之间虽然有过一段不幸的历史，但是中国永远是我们文化的根源所在。"

他多次被邀请参加中国传统手工艺论坛，美术学院请他去给学生们上课。这些他都乐此不疲。"如果我所做的工作能唤起大家对传统手工艺的关注，这就是我最大的幸福了。"

由于他的努力，日本在 90 年代中期开始掀起了学手艺的热潮。有不少濒临绝迹的手艺迎来了希望入门的弟子，各地成立的民艺馆让手艺人有了展示手艺的场所，国家特设了维护专款。

2006 年去世的原总理大臣桥本龙太郎在世的时候读过盐野米松所有的书，而且每每都会把读者反馈信认真地填好后寄给他。盐野米松关于手艺人的文章经常会出现在小学和中学的辅助教材中，入学考试的试题中也会出现他书中关于手艺的问题。为了让更多生活在城市里的人认识这些手艺人

　　"应该说手工业活跃的年代，是一个制作人和使用人生活在同一个环境下，没有丝毫的虚伪的年代。社会的变迁势必要使一些东西消失，又使一些东西出现，这是历史发展的惯性。但是作为我们，更应该保持的恰恰就是从前那个时代里人们曾经珍重的真挚的相互信任的感情。"

——盐野米松

并了解他们的"活计"，他说服出版社在一个高级百货店的会馆内做手艺人的脱口秀，脱口秀的现场犹如电视台的演播间，由盐野米松进行提问再由手艺人讲述，同时还有现场实际操作。这个脱口秀持续了四年，场场爆满。

"这些年来我采访的手艺人应该有三百多人了吧，已经去世的大约占到了百分之二十五，我越来越觉得我能在那个时候想到做这件事是多么的正确。至少我们留下了他们这个业种的记录。"

盐野米松作为对传统手艺人记录的第一人，经常会出现在电视屏幕上、大学的讲坛上和研讨会的会场上。被提问最多的问题就是问他认为如何才能使传统手艺生存下来。他总是在强调，要想让手艺找到生存的空间，首先要具备三个条件，第一，维持让手艺人的产品销售出去的环境；第二，找到相对便宜的原材料；第三，就是这个业种要有传承人。

七年前，盐野米松开创了以高中生为对象的"听写训练班夏令营"。每年从全国的高中生中挑选一百名学生进行为期一周的听写训练。训练内容就是由盐野米松负责提供手艺人的信息，让学生们前往进行采写，再由盐野米松进行讲评。

上：《留住手艺》的采访笔记

下：盐野米松出版的关于传统手艺的书

孩子们在这个夏令营中受到的不仅仅是创作方面的教育，更有意义的是他们通过自己的采写了解了一种手艺和一种生活，丰富了他们的人生，有的甚至还因此选择了当手艺人的道路。他的这个行动得到了日本农林省和文部省的大力支持。国家专门拨款让他继续这个计划。

2003年，为了表彰日本作家盐野米松的贡献，国际天文联合会将11987号小行星命名为YONEMATSU（盐野的日文发音）。

　　　　　　　　　　　　　　　　　　　　　留住手艺

盐野米松先后出版的关于手艺人的书籍：

《树之生命·树之心》

《学手业》(中译《留住手艺》)天篇、地篇、风篇、月篇

    （每册收录手艺人 14 人）

《刻在顶梁柱上的家族百年史》(1、2)

《手艺思想的消失》(1、2)

《日本的渔师》

《树告诉我们》

《最后的手艺人传》

海外篇有：

《中国的手业师》

《关于英国手艺人的话》

一袭松尾芭蕉装扮的盐野米松

盐野米松印象以及翻译后记

　　认识盐野米松是在上世纪90年代初。我那时在NHK国家电视台负责制作一个户外生活的节目，盐野米松是我们节目的主持人。他热爱户外生活，精通各种户外技能，了解大自然的各类动植物，当时以"米松大叔"（uncle 米松）为笔名在杂志和电视上出现。90年代是个全民热爱户外生活的年代。在日本人的眼中，"米松大叔"是至高无上的，如同教祖般的。

　　1987年他为日本最著名的户外杂志 BE-PALL 作了为期一年的重走日本江户时期的著名俳谐诗人松尾芭蕉的《奥之细道》（奥州小道）的策划。由他执笔，沿着芭蕉所走过的乡间小路，吟咏着他留给后人的引人入胜的翩翩诗篇，盐野米松身穿跟芭蕉同样的袈裟，用自己的旅行唤起忙碌的人们对自然的回归和对家乡的顾念。芭蕉在他俳谐的第一句中写：日月就像漫长的百代的旅人，而过往的光阴也如同旅人一般。芭蕉的这首诗是受唐代诗人李白的影响，李白也曾在他的文章里写道："夫天地者，万物之逆旅。光阴者，百代之过客。"这样的诗句影响了芭蕉，同样也影响了盐野米松。

我们的节目有他做主持人理所当然地达到了预期以上的收视率。

然而跟他一起工作的两年中对我影响最大的其实并不是对户外生活万事精通的他，而是另一个身份的盐野米松。那段时间里，除了跟我们一起录制节目以外，他始终身处旅途之中，为了他的采访录《留住手艺》而奔波于全国各地。直到那本书问世，我们才知道那是怎样的一个工作过程。而他早在二十年前就已经开始了。那是对日本尚存的传统工艺的记录和对手艺人的采写。这些著作中，有《留住手艺》系列、《刻在顶梁柱上的家族百年史》、《以渔为生的民》、《宇治茶香》、《叫做栋梁的宫殿大木匠》、《清酒之魂魄》等等，它们有将近八十册。正是这些行当和手艺，甚至思想支撑了整个日本的历史，才有了日本人今天的生活。他的工作具有划时代的意义。

沿着芭蕉所走过的乡间小路，吟咏着他留给后人的引人入胜的翩翩诗篇

1999 年《留住手艺》中文版在中国出版的时候，他在导语中写道：其实日本的手艺很多都来自我们的邻国中国，中国是我们的土壤，我们的文化从那里发芽、成长和结果。

2000 年以后，他更是每年都到中国寻找还保留着的传统工艺，听中国的手艺人讲他们的历史。看得出来他很心疼那些濒临绝迹的手艺。他总是用带着秋田口音的汉语跟手艺人们说"你好"，"我喜欢这个"，"我叫盐野米松"。他是在用这样的方式跟他们拉近距离，可以想象他在日本做这个工作的时候一定也是这样让自己跟手艺人之间没有距离，这样那些不善言谈的手艺人才会对他讲述自己。他采访过的手艺人多达数百人。

他是一个有心人，有心让后人了解日本曾经有过的生活和文化的人。

翻译《留住手艺》的过程很艰苦。因为盐野米松尽量使用了手艺人的原话，而原话的绝大多数都是地方方言。日本虽小，但是方言还是存在的，而且同样南北差异很大。遗憾的是这些原汁原味的语言不能完全体现在中文版中。

最后，还要感谢瑞琳的再一次支持。因为没有你的支持，1998 年的时候不会有这本书的初次诞生；没有你的支持，也不可能有今天的再次出版。就像你说的，如今的时代可能更需要这样的书。

希望这本记录手艺人的书能带给读它的人以温暖，以借鉴，以觉醒。

英珂
2012 年夏于北京